# THE UNOFFICIAL

# YELLOWSTONE PUZZLE BOOK

## BRAINTEASERS, WORD SEARCHES AND PUZZLES INSPIRED BY THE DUTTON FAMILY RANCH

# CONTENTS

## WESTERN WORD SEARCHIN'

# YELLOWSTONE CAST

### PART 1

CAN YOU FIND THE NAMES OF THE UNDERLINED *YELLOWSTONE* CAST MEMBERS IN THE PUZZLE OPPOSITE?

**COLE HAUSER**
AS RIP

**DANNY HUSTON**
AS DAN JENKINS

**FORRIE J. SMITH**
AS LLOYD

**GIL BIRMINGHAM**
AS THOMAS RAINWATER

**IAN BOHEN**
AS RYAN

**KELLY REILLY**
AS BETH

**KELSEY ASBILLE**
AS MONICA

**KEVIN COSTNER**
AS JOHN

**LUKE GRIMES**
AS KAYCE

**WES BENTLEY**
AS JAMIE

Kevin Costner as John Dutton.

```
K K N C P K H C N W K J I N W V G Z T D
F U F E X I I P R W A W C N I S X Q N
F F G M M D M X H B D C L E W A F V N M
L H W N O A X A J T C W Z H N N Q R M A
H H A K U I L G H T T Y G E P B Y N J P
I A I L I H F J U G T B L H V O W R F E
G H O L M R F W T X N Q T L N H E E T R
S T X N O H A K V T X I Q Z X E S N E D
F F T O X B K M D F V Y M C T N B T Q Y
K V J J K D L K O F A G B R B J E S O F
E C T L O A I W G O G W A B I E N O T E
L A E U T N P D F R D Y W Q W B T C M C
S H X K M N S B M R T S S B G X L N W K
E C G E Q Y S B A I R R Z K E R E I J I
Y J O G A H E N Q E V E A Z O R Y V G K
A O P R Y U V W G J D S W H T Q E E G Z
S F U I L S W S P S V U J F Z U X K J P
B Q V M P T Q S U M W A J S V Q O Z J W
I G S E I O Y V Z I D H I J M T E B H Q
L K T S A N Q M G T K E S Y Z S Q I J R
L N L S L Z C F S H G L X N N N K I Y B
E T M V O F A K M K B O R Z L T F H V L
L S W T I E P P W L P C S S B K Q P S V
S G P G N U C I E P E P W T A J U M T W
I Y L L I E R Y L L E K H T E Z N R Z E
```

# YELLOWSTONE CAST

## PART 2

CAN YOU FIND THE NAMES OF THE UNDERLINED *YELLOWSTONE* CAST MEMBERS IN THE PUZZLE OPPOSITE?

**DABNEY COLEMAN**
AS JOHN SR.

**DENIM RICHARDS**
AS COLBY

**JEFFERSON WHITE**
AS JIMMY

**JOSH LUCAS**
AS YOUNG JOHN

**KELLY ROHRBACH**
AS CASSIDY REID

**KYLIE ROGERS**
AS YOUNG BETH

**MICHAEL NOURI**
AS BOB SCHWARTZ

**NEAL MCDONOUGH**
AS MALCOLM BECK

**TERRY SERPICO**
AS TEAL BECK

**RYAN DORSEY**
AS BLAKE

Neal McDonough as Malcolm Beck.

```
J N E A L M C D O N O U G H Y J I O S N
C N K A J M Q N R P C J D S Y B H I N Q
A B U S E K E L L Y R O H R B A C H M Q
J E J V N B J E D Y R L H R Z B M H P O
P Z O P K Z E M Y J R Y D K A O S P P N
D T S B J Y F M I E I Y S Q B U A L M O
R H H J T E L A M C V W A N E Y B L J W
E I L Y E K F I W C H W A N Z K L P I L
S H U M D R I F E S M A O U D I U X F M
P Y C L Y Y F R E R U M E S A O B D I R
K Z A V Z H C A T R O M E L G B R K V M
T Z S B N Q Q Y K U S G Q V N R E S X B
R Z M C C T Q C U E M O E H Z O L Q E N
F M X J S I R O E F J C N R Y A U Y O Y
C T U T D L D D J H Q P P W S W L R L C
S A Q I S X X R Y T M K M Q H Y M L I G
Y Y T E R R Y S E R P I C O P I W S N O
L H S H S H P J Q M C Z K Z E T T J J G
M S L H Y H Z R Z B O X F Q F O T E A C
L C E R U G B X A P N K P C X W N T S Y
C F R D E N I M R I C H A R D S I C Q V
X V K C B W G L K H C D O T N G Z H Z P
X R Y P Q O T A P Y G L I A S B C A K C
D A B N E Y C O L E M A N O L B J D G P
N A D T L G Z Y J T G Z N U Q D Q I C V
```

# YELLOWSTONE CAST

## PART 3

CAN YOU FIND THE NAMES OF THE UNDERLINED
*YELLOWSTONE* CAST MEMBERS IN THE PUZZLE OPPOSITE?

**BRENT WALKER**
**AS CLINT MORROW**

**EDEN BROLIN**
**AS MIA**

**HASSIE HARRISON**
**AS LARAMIE**

**JOSH HOLLOWAY**
**AS ROARKE**

**JENNIFER LANDON**
**AS TEETER**

**KAREN PITTMAN**
**AS WILLA HAYES**

**MO BRINGS PLENTY**
**AS MO**

**Q'ORIANKA KILCHER**
**AS ANGELA BLUE**
**THUNDER**

**TIMOTHY CARHART**
**AS A.G. STEWART**

**WENDY MONIZ**
**AS GOVERNOR PERRY**

Mo Brings
Plenty as Mo.

```
M N P J D J K B N O F B W G F W X Q H E
J F O H E I R A F K O C X T W Z W B C Y
J Q K Z A N V Q T P D S B V E P K P X I
X Y X F J S N U B N O T F Q N L A Q H Y
Z T R T J F S I S Z V Z H M D Y W M Y M
L E H F D V Q I F M H H U M Y G J T P U
V D Q M D T P N E E U H L D M O E I V D
V E L O O K H V H H R Y C X O G B M Z I
P N H W U B I L A P A L I O N M F O A N
I B W K D T R F B S I R A M I F T T Z N
K R F P T R G I O E U N R N Z S G H K Q
N O B G X D A N N W J I T I D V X Y A M
I L U R W R U K W G G D Q U S O Y C R O
U I D M Y D Z W U I S P U B X O N A E Z
B N R W U W N B C C J P B V E P N R N I
R Y Q O R I A N K A K I L C H E R H P A
E F I G B I E E S A R N F E E V B A I V
N D J I Q A V M D V E L L P N V L R T I
T H Z C B Z F L K W Q R X Q W T P T T K
W B Q F D T E S J O F B I E F G Y G M Q
A G G Y Q M J F N E V E Q P R U M V A Q
L Y G U R G C D W X S Z U Z G J E F N V
K W K Q E J O S H H O L L O W A Y V B B
E P P N D N F X Z T I H G L T F P G U A
R X A Q W C V M F C Z A S X G N M Y B G
```

# YELLOWSTONE CAST
## PART 4

CAN YOU FIND THE NAMES OF THE UNDERLINED
*YELLOWSTONE* CAST MEMBERS IN THE PUZZLE OPPOSITE?

**BRAD CARTER**
**AS CHECKERS**

**BRECKEN MERRILL**
**AS TATE DUTTON**

**FINN LITTLE**
**AS CARTER**

**HUGH DILLON**
**AS SHERIFF DONNIE**
**HASKELL**

**JAMES JORDAN**
**AS LIVESTOCK AGENT**
**STEVE HENDON**

**PIPER PERABO**
**AS SUMMER HIGGINS**

**RYAN BINGHAM**
**AS WALKER**

**TAYLOR SHERIDAN**
**AS TRAVIS**

**TIM MCGRAW**
**AS JAMES DILLARD**
**DUTTON**

**WILL PATTON**
**AS GARRETT RANDLE**

Ryan Bingham
as Walker.

```
K E F W D F V I E P Q T T R H U Q H G D
F H H I X B T A Y L O R S H E R I D A N
R W T K L I K R M Y B N V H G V J B Q E
L Z N K G Y B O T P N R V C S B I K I U
T K X F X X C O O X J W A E K P J H J T
E A O L Q Y M Y Y W C R I D P U S B P T
F R D B X X K R C M I H D V C A Z D Z I
I A Z N K V X S X W Z L N D O A K I N M
N R W L C Y W Z S Z L X L F V J R S Q M
N P I P E R P E R A B O D P U G K T P C
L S U F W Y H M A J E A T E A X C E E G
I S R G H R Z E R L Q G R P V T I B Z R
T V E I Q M Y A G J T D A G P P T I X A
T G V W L B R A U D V F U S N E S O K W
L R B R E C K E N M E R R I L L V U N H
E H E Q L L U H C B I W I O O A Z P U E
Z U K D U L U Y P Z I G P O A C H J Z J
U G I R P G W D N H Z N O C G P N Y C J
I H O T U L Y C O H E E G F M O V N J E
V D B D W V T W L B E A K H M G Z T L Y
C I Z W F F B R X Z D N G H A W P F N S
F L R K A E F O V E W Y K W S M C X W S
S L C W R E J A M E S J O R D A N T O H
T O U X T V X L K M I C Z U A M K R R U
U N M Z B O Q D O A P F U J L M A F Y P
```

# MONTANA MANIA

## CAN YOU FIND THE NAMES OF THE MONTANA TOWNS HIDDEN IN THE PUZZLE OPPOSITE?

| | |
|---|---|
| **BILLINGS** | **KALISPELL** |
| **BOZEMAN** | **LIVINGSTON** |
| **BUTTE** | **MISSOULA** |
| **GREAT FALLS** | **RED LODGE** |
| **HELENA** | **WHITEFISH** |

**DID YOU KNOW?**
Scenes of the Dutton Ranch are shot at Chief Joseph Ranch in Montana, which you can visit.

U D K Q S L T T W C H R Z R L Q B A W J
C M K P U L S R N L S Q Q S M G S R L V
S B U O C U D T B P Z G S G Z U R D N X
W A O I T Q Z K U M Q Q T M L P E L S A
B U H Z K J D I T S I L F J Q A D Y Q V
X G Q E E V S P T N Z S B D L A L W J I
G M R V L M N C E D W E S E M F O K W I
N A D E A E A R K K R Y L O O S D K C S
X V R H A B N N K A V R X I U R G J G I
S P L I B T F A Y E L U Q V D L E J O H
T Y K O I P F R B E B I K R E P A J S M
T Y U P E I D A W I E N S L E O I X O Y
E D G I L W U G L H L H N P D P E S R P
L L I J O I M M V L I L X R E N U K G R
D A I F H D Q C A N S T I P X L L Y H R
Q W V V X G H W T L W R E N B T L A D P
W F X F I Z Y P B Q B E A F G T R Z D X
L U E L W N L Z O W X Y P C I S X X T H
F V A P L X G U D O J W N J Y S Y E Q T
P P C D U O W S P K I B E A P B H Z H O
S R I Y N G P G T J X T O L J B C I D J
I G I L J V S B M O Z L Z Y K O U H H R
N V P Y R B K B W I N R L B V L G M O S
I R P P I O L T M Y X D Z Z M D Z T X V
X X Z D D R W T S M H U Y I O C R A S X

# STATES RACE

CAN YOU FIND THE NAMES OF THE WESTERN
STATES HIDDEN IN THE PUZZLE OPPOSITE?

| | |
|---|---|
| **ARIZONA** | **NEW MEXICO** |
| **CALIFORNIA** | **NORTH DAKOTA** |
| **COLORADO** | **SOUTH DAKOTA** |
| **IDAHO** | **TEXAS** |
| **MONTANA** | **WYOMING** |

**DID YOU KNOW?** Cole Hauser is the son of action star Wings Hauser and is related to a founder of Warner Bros. studio.

SHUTTERSTOCK

```
Q  B  W  E  M  J  N  C  C  G  E  V  F  I  P  X  G  I  X  R
M  O  N  T  A  N  A  V  D  J  W  W  N  H  E  Z  Z  L  Q  K
B  Y  P  T  N  A  V  M  Q  Y  V  P  E  N  Y  J  P  W  A  A
H  A  D  N  E  K  J  K  O  B  Q  K  W  N  W  X  T  H  W  C
F  T  X  M  E  X  Z  W  Q  W  J  A  M  L  Q  P  D  J  Q  U
X  N  P  I  H  T  A  M  G  D  S  Z  E  J  J  M  I  T  R  V
C  L  T  P  C  P  N  S  R  E  C  V  X  N  C  L  B  N  U  U
T  C  S  Z  X  J  R  Q  P  W  N  U  I  Y  C  B  D  T  Y  G
L  A  M  O  B  K  E  G  U  S  N  K  C  C  I  G  G  Y  U  O
P  D  N  R  U  E  A  Y  L  W  B  B  O  R  E  C  T  P  L  Y
D  F  C  M  B  T  G  K  B  S  Q  G  A  N  L  H  T  S  B  C
L  X  M  N  J  E  H  K  C  W  S  R  R  N  O  R  R  I  Q  O
O  U  M  K  C  I  I  D  S  L  T  U  I  H  D  Q  U  F  C  L
M  R  D  A  G  C  L  D  A  S  W  N  Z  J  P  D  O  H  S  O
D  V  Z  W  N  E  A  S  A  K  X  L  O  I  V  W  Z  Y  N  R
E  Q  Q  X  I  O  J  L  L  H  O  F  N  H  Q  P  B  S  A  A
W  T  J  Z  A  U  R  V  I  C  O  T  A  L  W  L  T  B  V  D
Y  I  A  B  W  Y  I  T  T  F  B  W  A  W  C  W  I  R  R  O
O  B  X  B  R  X  E  E  H  U  O  G  K  J  T  C  J  K  O  Y
M  W  B  R  N  L  M  W  N  D  N  R  N  J  B  S  C  E  C  I
I  Y  C  Q  F  D  J  Y  C  F  A  J  N  H  D  B  T  W  E  U
N  M  D  T  D  E  E  W  X  C  O  K  A  I  B  S  E  J  L  G
G  P  N  C  B  X  Z  H  Y  W  M  C  O  X  A  P  H  A  K  C
N  H  E  U  D  B  U  B  K  Q  A  K  Z  T  B  E  F  U  M  U
W  O  T  I  K  Z  A  P  T  B  W  Q  Y  A  A  U  E  N  I  V
```

# WESTERN LEGENDS

## PART 1

CAN YOU FIND THE NAMES OF THE HISTORICAL FIGURES
FROM THE OLD WEST HIDDEN IN THE PUZZLE OPPOSITE?

**ANNIE OAKLEY**

**BILLY THE KID**

**BUFFALO BILL**

**DAVY CROCKETT**

**DOC HOLLIDAY**

**JESSE JAMES**

**JOHN CHISUM**

**WILLIAM CLARK**

**WYATT EARP**

Annie Oakley
(1860-1926).

CHRONICLE/ALAMY

```
A N N I E O A K L E Y V B F O M V I M W
W F B D M Y R N M Y B U Z I W D B C D S
M F B A Q W V O A Z U B L A M S R U V W
S U S V C B I P N Z R P K U F N S X G O
B F N Y V U J L T H L X E T X N L G C X
D T N C D F W J L X N L B U O H T C D A
C D D R S F H E Z I Y K E D I X C M J Y
L O E O D A W L K W A N G R P H T N D O
G C O C T L Y K N J V M X B W V P C T O
E H L K U O A O K A U J C D L L A I K B
X O A E X B T J S S X Z C L H L F N H H
D L K T R I T I E A I S C S A K P B R R
O L T T R L E A N P K Z C Q C R X J M Z
D I F B H L A Y K I J Q D V A K K F S C
W D K E Z S R H G R V O C Q X S C H K S
I A P A G D P X A N O K H N V H R M A J
J Y N M R D X E G U Z I N N N A A W T E
Y Q S D W R H M N P E W B C M F S J S
L P K Z M L Z Z L S G X R I D H K Z X S
D K U K B I L L Y T H E K I D B I J N E
B H B T W G M B R H W P I L D N O S D J
O F Q Z Z B A S X V Y V H N F S N B U A
E D E A F L C F T Q M F N P T X C T Y M
R P M R C H F V N O V M D X H O C L K E
V C Z D L H S G O I F I Y E E K X I K S
```

# WESTERN LEGENDS
## PART 2

CAN YOU FIND THE NAMES OF THE HISTORICAL FIGURES
FROM THE OLD WEST HIDDEN IN THE PUZZLE OPPOSITE?

**BASS REEVES**

**BILL PICKETT**

**BILLY CLANTON**

**BUTCH CASSIDY**

**CALAMITY JANE**

**HARRY WHEELER**

**KIT CARSON**

**SAM HOUSTON**

**SUNDANCE KID**

Harry "Sundance Kid" Longabaugh (1867-1908).

SCIENCE HISTORY IMAGES/ALAMY

```
F K L A M R N X H A E A B F N T P X W C
R B N F N J V V F T W M E A S O K A K A
V Y I L E J T R H V M A N P A B I F W L
F W F L N I D M Y N F T H F M C T U V A
T H S T L L N B C Z Z G H N H I C A R M
H B E E X Y T E A K G J A I O S A S X I
A T C Y C C J J S S X R Q U E R Z M T
V X W F K W E L L E S T Z J S L S R G Y
M H E H M M L L A T J R Y Y T R O Y R J
E B H R A A S L H N V S E D O O N X D A
I G E A I O X L V M T F Z E N X W D H N
A T N U R E X F Y H S O H K V I H J U E
O H C F F R B D B Q R F N Q H E H J W B
Q H R B U Q Y I V U M L A T Y C S O G F
S S H M M N Q W L G T N A F X Q O T Z K
A U R O O W R P H L H C F Z Z C N G N P
U N C I O Q H U V E P L H K S E D Y Y O
X D G R K Z Q L N Y E I U C Q L O O C V
S A T B R H P J O E S L C E A R D U X N
L N C J I T T Q T S O M E K J S C E Z A
G C U R A N A Y J U L T K R E L S L N B
N E G N B N W H D I I W T J R T T I T K
Y K Q U O G O E T T E Y D Q E Q T P D V
Y I S D I Y Z T T D I T I K B U A L F Y
K D E T U K P J R K R L A P F D I Z K U
```

# NATIONAL PARKS OF THE WEST

## PART 1

CAN YOU FIND THE NAMES OF THE NATIONAL
PARKS HIDDEN IN THE PUZZLE OPPOSITE?

**CHANNEL ISLANDS**          **OLYMPIC**

**GLACIER**          **PETRIFIED FOREST**

**GRAND CANYON**          **YELLOWSTONE**

**GRAND TETON**          **YOSEMITE**

**GREAT SAND DUNES**          **ZION**

**DID YOU KNOW?**
Although Yellowstone is set in Montana, 95% of Yellowstone National Park lies within the state of Wyoming.

```
R S G S Q P T Z W Z L M S A A M N R K L
J I Z A S V D L T X S O D K R M H G E Y
S Q A P E T R I F I E D F O R E S T M G
E Y P Z J M I L R B T G J S C W T R X S
N E N V O B V J B N Y G Y Q E H K W D O
U G C Q J Z K W A M P Y Q M M N A B L T
D Z D H Q N O Y N A C D N A R G C A Y I
D Z G K N H B W M L D R V D H I W O N S
N G T E O C Z O C F M I M Q P N S E W V
A O S J T O H Z J I G M F M N E Q P G F
S I C M E P X A U E V G Y O M Y W B T T
T T Z T T Y O A N R Z L I I M D C N B I
A H Y Y D D Y U V N O Z T A X G U H X Z
E O F G N X F N Y P E E M H E M M E L M
R Q F Y A S Q I S B K L E A B P L O I O
G Z Z B R P O B C K K N I O S Q O N E R
Q X Y F G U P B B P O P Y S M S I O E Z
X G N F X A S J X T I H A B L Z J I S A
N U C E D D N W S Z I C Q R G A C H Z L
G W O E H B H W O B B E F C H A N I Y O
A K B R Z B O Z Y J B D I F L L P D H U
T L S C U L R H D T L V S G A C G G S T
F E H W L L J M C E G H M Z E M Y S C S
X P T E D X Q Y N Q O K A V T L A D L S
T U Y W Z B T L B Q Z C W D S I X P D D
```

# NATIONAL PARKS OF THE WEST

## PART 2

CAN YOU FIND THE NAMES OF THE NATIONAL
PARKS HIDDEN IN THE PUZZLE OPPOSITE?

**ARCHES**

**MOUNT RAINIER**

**BRYCE CANYON**

**NORTH CASCADES**

**CRATER LAKE**

**PINNACLES**

**DEATH VALLEY**

**SEQUOIA**

**JOSHUA TREE**

A F A N P T O X N N K G U R F A C G L Z
A F D H M Q J X I I P F M J Z V I X D T
N G S G O K Y X L K T J E U N N K X B D
N U K W U I X A L G O L W V G O F J I P
V W J Q N W P M E I J I Z W S R T O E G
P U Y N T C R A T E R L A K E T N S S J
O M W U R C G H A F D Y T P L H B H Z V
Z B J L A N R X R I S L X B N C R U R F
F O F A I M M B W X F A W C N A Y A A G
I M V G N J G I F F P D V Y K S C T N D
H D T R I K S S V R N G F N R C E R L A
M X C X E K J S F L P J D R T A C E B R
D V X W R P X Q T O I R P G P D A E P C
T S Q O D B R H M A N K K U S E N Q Y H
K E R M D H T V Z U N Y A S Y S Y T E E
L Q B M D E K E C F A D E C W H O P S S
F U A B R P A Y I J C T U K N D N C Q V
O O Q G U R Q T I U L M R N T M A V E E
W I Y A Y H P B H G E I C K U S W P Y T
P A N K E Q M K Y V S C Q Y H U P A C E
H B T V N V Y E W C A W Z O L S C O G G
A P I T Z G L S I W R L P G F D R Q G C
I U I D F F R W X T L K L V U Y T M G C
C B D W S Q L I A D T W U E R V J C Q R
Y Q J P X U Q E V I M Z F S Y F E D L E

# YELLOWSTONE: 1883 CAST

CAN YOU FIND THE NAMES OF THE Y: 1883 CAST MEMBERS IN THE PUZZLE OPPOSITE?

**AMANDA JAROS**
AS ALINA

**AUDIE RICK**
AS JOHN DUTTON SR.

**ERIC NELSEN**
AS ENNIS

**FAITH HILL**
AS MARGARET
DUTTON

**ISABEL MAY**
AS ELSA DUTTON

**LAMONICA
GARRETT**
AS THOMAS

**MARC RISSMANN**
AS JOSEF

**SAM ELLIOTT**
AS SHEA BRENNAN

**TIM MCGRAW**
AS JAMES DUTTON

Sam Elliott as Shea Brennan.

```
O V I W I X X B A Y N X P C E P Q G G T
V Z N V H Z R T C N X W X H P R T R B M
A T Y K J Y P Z F Z J E P T A R T Z N H
I U D N C L S T O K Z P W B D L E D C H
G V R T T O I L L E M A S S Y E R D J G
J W P Y H I I H G B Q O J S Z L R E K N
A P F I P Z N O S L E N C I R E A N R V
H V I O Y I A Y Y E O W J G C R G B T O
W K C J H A Z A R O H F G X M P A A I Y
C M J Q M Q M U F J U G A S Y M C B M W
Y X J S M L E A F I X M P G B P I T M D
Q F I B E H X Z N Q E R V F J F N O C E
Q C G B X G P M D D O X W W E K O C G W
C L A N Z K M D U U A D J V A K M M R E
R S K F N D C B P B Z J D Q S G A P A L
I P T U K A L I G J V B A L N L L T W U
X N Z M F R M M R V S U Y R F G Q Z Y S
T I K J Y A S S A E U S U K O I P I P E
F W T B W X I E S Q I P A N H S Q X X G
V Z B M G T R T I I A D J L F Q A W W W
A P H Q B O U B H X R S U O H J I G H K
K M T G O I O P K H G C Q A F Y A R X W
G K E T O D L Z D D I L R F W A F N I W
O Y M X K P I B V R U L N A H M O P I S
A B W Y X F P B F S K K L G M R E A E G
```

# HORSE SENSE
## PART 1
### CAN YOU FIND THE NAMES OF THE HORSE BREEDS IN THE PUZZLE OPPOSITE?

| | |
|---|---|
| **AMERICAN PAINT** | **FRIESIAN** |
| **APPALOOSA** | **HAFLINGER** |
| **ARABIAN** | **MUSTANG** |
| **CLYDESDALE** | **PERCHERON** |
| **CRIOLLO** | **THOROUGHBRED** |

A mustang in the wild.

**DID YOU KNOW?**
Yellowstone actor Ryan Bingham's song "The Weary Kind," penned for the film Crazy Heart, won an Oscar, Grammy and Golden Globe.

```
Z W B Y P J Q O S H T P Z P U I N C Q C
A P A T S X I N M Z Q K M Q X K Y J O Q
S P N J M N D K R U Q V M H J R O J U L
O Y P E T H G R H U J M I A B P V O Y Y
S X A A C L O I D M L J T F T N E G K W
A F S M L L Y N E D K J A L L F U X W Y
S X K Z Y O Y O M W J H T I L U J Y F J
Y G S S N H O D I N X O V N L T T X V M
C G A J H X X S E C U F W G P Q M O N O
G T V H D S A L A S R C L E U H N H R M
H F X Q A I U M W U D I E R N V A J P U
C T R B J V G Z E B S A O L B D O E W Z
Y L H I X T I P Y R Y P L L C Y J T X D
N T T O E T W E B P I B Z E L G R H U U
F N W W R S B E D L Y C Y G Q O I B D H
X M D R X O I L U A O X A J C C Y E Q I
C Y J I V E U A N I A R M N P N T C A M
I M U G J S S G N B K W S W P S A Q M K
R G W O U U A G H Q W R J U Q A F A L L
M E D L W J O N G B T V P Z M H I P W W
X Z H T E V V B P E R C H E R O N N M C
E M U S T A N G P L I E L B V B W U T M
V M D W D E I A L U W S D L W F T Y E X
S C R P E N N A E N O B R S F O J C R Y
H A E A R A B I A N W M K U E M F F X A
```

# HORSE SENSE

## PART 2

### CAN YOU FIND THE NAMES OF THE HORSE BREEDS IN THE PUZZLE OPPOSITE?

| | |
|---|---|
| **ANDALUSIAN** | **LUSITANO** |
| **FALABELLA** | **MONGOLIAN** |
| **HANOVERIAN** | **SADDLEBRED** |
| **GALINEERS COB** | **SILESIAN** |
| **IRISH SPORT** | **TURKOMAN** |

A Hanoverian horse gallops in an enclosure.

```
T J X J Q X B P E F M H O T H B F S F B
P K N I K A W T E V R O U U W E Z R R L
E W R F W O M U T K W K N T T V E K U Y
F Z B E Q E R R K D M A H G I W P A K M
H A P O V B M K L S N P R N O K K M S U
W E T W U F U O E C S W Q T S L V G T Q
O T U L F F D M D J H F W B T X I D O S
Y J Z D X T T A W W Y K N H P G W A X R
C K U B N W A N D A L U S I A N C L N P
Q Z E S V T N X Q M Q L K S Q G F U J D
Z G N N G E N L P Q W F N V L R A S G J
Y I B V R F G C S U U B R H C L L Q A C
C I M L L S H E E Q Y F D Y G B A L L F
C E Z D R Y H T K I L E Q X S A B V I M
B L H G Z W R V Q Q R W X O U Y E D N I
W G C R B E R D K M Y I P I Q L L T E K
L Y L T G E E Q R M W A S M L C L C E Z
H Y O B X V D Q A D L L J H U N A G R B
D A F N J M U I Y F S Z T G S Z F J S E
J W X M F C N A Q Y J P P S I P F T C L
K U K W J A L G W J G H S Q T B O Q O C
W L Y V H A N O V E R I A N A B L R B B
F H M V F W Y D V B C Z P S N N Z X T Q
S A D D L E B R E D B I T I O N I K H Q
D C Z U X K E S I L E S I A N V T V D V
```

# RODEO ROUNDUP

CAN YOU FIND THE UNDERLINED WORDS IN THE NAMES OF
THE FAMOUS OR HISTORIC RODEOS IN THE PUZZLE OPPOSITE?

<u>CALGARY</u> STAMPEDE

<u>CHEYENNE</u>
FRONTIER DAYS

<u>DODGE CITY</u> DAYS

<u>EQUIBLUES</u>

<u>FESTIVAL WESTERN</u>
DE ST-TITE

<u>GREELEY</u> STAMPEDE

<u>PENDLETON</u> ROUND-UP

<u>PONOKA</u> STAMPEDE

<u>PRESCOTT</u>
FRONTIER DAYS

<u>WILLIAMS LAKE</u>
STAMPEDE

**DID YOU KNOW?**
Many of the horses used in *Yellowstone* belong to creator Taylor Sheridan.

Mabel Strickland raises her arms in celebration after roping a wild steer at the Pendleton Round-Up in Oregon, c. 1912.

HISTORIC PHOTO ARCHIVE/GETTY IMAGES

```
M G T O W W H Y H Z M Q R L F E D K E J
Q X U M H I P E N D L E T O N R U U M B
S P T Q K S L K A P V W K P A J P Q U W
B Y R K Q F V L C O T P O Q X U R Y H V
K X X W G T C L I G R S P H C U E V C U
Z Y C J C U Z B M A X G N N R Q S A B Y
C N M A F Z Q G F G M O Z I I T C K X A
D T D R L W Q S F O M S Q G M O O G Y J
W O R C R G O W R K R B L A X U T R E D
R C S F H F A N M O Q X O A M O T T Q Q
R X S V C E E R Q S B V L U K C H B U D
P N Q I G H Y S Y K T C I Q R E E C I V
T O N O M A R E T T N G L I A A E W B S
D U N Y N L L R N I A D K O V T O F L X
C O K O M P E P G N V U V Q N X O O U Y
Z N D N K F L Z T Z E A F D V Z L U E Z
E T W G A A Q N C C Q K L B A X P M S U
E O O B E A X X S M C H H W N O W Q Q G
T F A Z K C T W H P M W F N E C K U B X
A B E O O M I T H I N P N R F S A I G S
U M B X K A Q T P W Y D I W K D T J S Q
G G S Y N I Z U Y W W P L J A H A E V H
G G G R E E L E Y V S L U L I P N A R Q
R A N G V R Q O F N E F U D R F H Q M N
J C M A A P Y Y S E N D Z V X J D B N A
```

# RODEO EVENTS

CAN YOU FIND THE UNDERLINED WORDS IN THE NAMES
OF THE RODEO EVENTS IN THE PUZZLE OPPOSITE?

**BARREL RACING**

**BULL RIDING**

**JUNIOR BULL RIDING**

**SADDLE BRONC RIDING**

**STEER ROPING**

**STEER WRESTLING**

**TEAM ROPING**

**TIE-DOWN ROPING**

**WILD COW MILKING**

**MUTTON BUSTING**

A steer wrestler at the Calgary Stampede.

```
O J Y J T V Z T P W V R M J I P R L E Z
T W A J R Y Q D E R K G X G I D C T I O
E O R K I O G Z C Q V A S J Y B V W Q X
R O G E L M T S L U O U T D J D L L Y D
K I S T S E Z Z H Z T N E Y O M Z V F B
W U G S W T W L N Y V E E B P M C L U K
K W A Y E U L O G Q E E R W L U E L N U
P P Y B G U X I O Y P P R H M T Q W V E
C Y J B M V G H N A K L O N I T G G E P
B M U U Y U T T T G D A P H O O R J L O
C A N L S H V I W A Q O I Y G N Q U T O
B E R L D A G V E W I C N K E B Y N R H
W B W R D M D K C D W M G E N U V I F O
X U X I E G Y D J Q O P W K H S N O M A
O P M D V L A W L V M W L Y Y T B R O Q
P B J I R E R T W E W P N X V I M N L W
D L S N X A Z A E L B B B R Y N O R J I
Z E U G L K E A C A W R X Q O G N J Q L
P J R L G D E G L I M R O Z V P Q F W D
K L L Y H F L H H F N R I N F R I V H C
Y O I V M L Q Y G G H G O P C T S N Q O
D Z F X J H Y T X Y T S M P V R Q H G W
J T X H I D V U Y W N V C Q I M D W N A
L E U M A T H W P J M B D I G N C X K R
E D X W D K L W I R T K U B A J G J Q G
```

WESTERN
WORD SEARCHIN'

# CLASSIC WESTERN MOVIES
## PART 1

CAN YOU FIND THE UNDERLINED WORDS IN THE NAMES
OF THE CLASSIC WESTERNS IN THE PUZZLE OPPOSITE?

**CAT BALLOU**

**DANCES WITH WOLVES**

**GIANT**

**JEREMIAH JOHNSON**

**NO COUNTRY FOR
OLD MEN**

**THE SEARCHERS**

**SHANE**

**THE TREASURE OF
THE SIERRA MADRE**

**UNFORGIVEN**

*Unforgiven* (1992).

```
E Y A M H K D V O A D D B R I K N T I Z
F U C L K S C Z N F K K S E Q T Z K L Q
Q R O T I D T W O J O Q D Q N L M Y Q W
B I O I F W G O S X F C R H B U I U N K
Q Y K D Y X X B N G C O P Q E S D N H L
D W J X H E B J H U L A P I U B F M Z O
D T E T N A I G O K A T F B Y R W W T W
U X N K J I R L J N I A I N J L L Z H Z
H S E Y U B F W H E U N F O R G I V E N
X S L X G K E M A U O L L A B T A C T I
Y E R C Y A R G I F J Y R X Y A T G R N
P W M E Y M Q L M X G P L Y U H U U E B
W Q F C H Q S M E E W C W G T T G I A O
K Q G I M C N Z R R S B Z F S B O S S B
N H D B P R R M E W D M L E W T D L U A
P Z D A Q U L A J S Z A A V H O J O R B
Q C Q I M F I J E D I O M Z Q N L U E E
W H A I I F Y K B S Q G C A O X K V V O
I I N P L A Y W E T E U E C R O C V E X
W R F X Y S R O K N Y H O Y K R B S H S
S M N A Q O Z I O M A U T P K I E P N H
B A Y N N W Y G J R N H E P P N D I I D
R F H Q J W V K X T W Q S F Y Z Q U S K
Y F Z T C D V N R F Z K M R M P M E M T
O A L E C S V V O Y P C R N H R V C M A
```

# CLASSIC WESTERN MOVIES

## PART 2

CAN YOU FIND THE UNDERLINED WORDS IN THE NAMES
OF THE CLASSIC WESTERNS IN THE PUZZLE OPPOSITE?

**BROKEN ARROW**

**DJANGO UNCHAINED**

**HIGH NOON**

**LITTLE BIG MAN**

**THE REVENANT**

**OPEN RANGE**

**RED RIVER**

**RIO BRAVO**

**TOMBSTONE**

**THE WILD BUNCH**

*Tombstone* (1993).

```
V G Y W B T T T Z T Y O A R Z M D C N B
I H Y N Y D Y U V A X G U H X Z O F G X
F N Y P A M H E M M E L M Q F Y S Q I S
B K A B P M L O I O Z Z B P O B C K K O
S Q O N E Q G X Y F U P B B B P Y M S I
O Z X G N F X I A S J X I H A B Z J S A
N U C E H C N U B D L I W E H T D D D N
W Z I C Q R G H Z E L G W O E H J T B H
N O B B E T F C H I L Y O A K B A O R Z
O B Z Y J B H D R I F T L P H U N M T L
O S C U R H D E T E L V T S A C G B G G
N O T W F E H W R L V J M I C E O S G H
H M V Z O E M Y S E C I S X L P U T T D
G X Q A Y R N Q O K V A R V T L N O A D
I L S T R U R W Z B T E L D B Q C N Z C
H W D S I B X A P D D U N D E F H E N Y
R I F K O V O C N S U L L A U R A Q U E
D H B S Z P H I O E K Q S V N Z N U P C
J Y J M R H E A R T K P I Z D T I P V X
Q S M E Y E B N G E B O O Y F X N V J T
J D Q R M R L U R O Z R R I P M E X R S
Z F E S H H X K B A Q T O B J I D U F O
O R N L M Z K A W V N E T O P S H A F N
Y L G D Y R Y W W D L G P N C A A E H M
V Y X H W L L B N U N U E C H I E L S F
```

# CLASSIC WESTERN MOVIES

## PART 3

CAN YOU FIND THE UNDERLINED WORDS IN THE NAMES OF THE CLASSIC WESTERNS IN THE PUZZLE OPPOSITE?

**BEND OF THE RIVER**

**BLAZING SADDLES**

**CIMARRON**

**DODGE CITY**

**THE GUNFIGHTER**

**THE MAGNIFICENT SEVEN**

**ONCE UPON A TIME IN THE WEST**

**THE OUTLAW JOSEY WALES**

**STAGECOACH**

**THE MAN FROM LARAMIE**

*Blazing Saddles* (1974).

```
M P Y Q M M N A B L T Z D H Q A I Z G K
H B W M L D R V D S W H W N S G T E Z O
C F M I M Q N E W V T A O S J O Z J I G
M F Q P G F I C M P X A L U E V G Y W B
T T T Z T Y O A R Z M D G T C N B I H Y
Y D Y U V A X G U H X Z O E U F G X F N
Y P M H E M M E L M Q F Y S C O Q I S B
Y K T A B P L O I O Z Z B P O O E B C K
T K O N S B Q O N E Q X Y F U P A H B B
I P P Y E M E S I O Z N X G N F X C T A
C S J X I C H N A B O Z J S A N U C H E
E D D N W Z I I D R C Q R G H Z L G W O
G E H B H O B F R O B E F C H I Y O A T
D K B R Z B Z A I Y F J B D I F L P H H
O U T L S C M U R N H T D T L V S A C E
D G G T F I E H W L G J H M C E G H M G
Z E M Y C S C S X P T A D E X Q Y N Q U
O K A V T L A D L S T U M W R Z B T L N
B Q Z C W D S I X P D D U D F I N Y R F
I F K V C S U L L U Q U E D H B V S Z I
H O K Q S V Z U P C J Y J M R H A E T G
P S E L D D A S G N I Z A L B I Z D R H
P V X L A R A M I E Q S M E Y E B G E T
B O Y F X V J T J D Q R M R L U O Z R E
I P M E M I T A N O P U E C N O X R S R
```

# CLASSIC WESTERN MOVIES
## PART 4

CAN YOU FIND THE UNDERLINED WORDS IN THE NAMES
OF THE CLASSIC WESTERNS IN THE PUZZLE OPPOSITE?

BAD DAY AT BLACK ROCK

FORTY GUNS

HANG 'EM HIGH

HOMBRE

JOHNNY GUITAR

THE OX-BOW INCIDENT

SILVERADO

THE SHOOTIST

TRUE GRIT

WILL PENNY

*Silverado* (1985).

DID YOU KNOW?

Creator Taylor Sheridan's first on-screen role was in a Season 3 episode of the Chuck Norris western series *Walker, Texas Ranger* in 1995.

COLUMBIA PICTURES/PHOTOFEST

```
F L D X J O T R B A J B K R M L R F B A
Y I D E O E L N Q R Y E M E V Z E P J H
T Y G T H E O X B O W I N C I D E N T S
E P Y C N A R Z B O X S V I C O C D J A
I S X S N F B H L D B K H W A O X O F D
Q B S K Y M B K A C Z P G Q N Q S Z P S
T R U E G R I T C F A P E R W M L G I I
S L R E U V Y V K T I H C W D B T A A L
Y V E R I X L D R U H K X N K M A B K V
V M C Z T C F A O K D E G B Q M B I B E
E T P Z A A V F C N L Y S O Y X Q U C R
U B Z D R T H F K X Z X E H H M O M F A
I N H A N G E M H I G H D Z O Y D T K D
Q E K B L W R T E J W X W E M O H F C O
H E R H M R W O K T L W X K B F T V I M
S D P K G N L H N X H I N B R P W I Q Q
F S K T D N V A G R C L X T E R G V S W
O L Z Y V V J B Z V U L Z T I R Z Z E T
R M S G P U W R Y T I P G C G Z O S K X
T E B T U Q Y S H X S E R B C O N G S U
Y K Q T E P P A I G O N M M B H M O D A
G N V E G Q D D X O H N L Z R O N H V X
U W Y X E I O Q X D T Y O Q B Z Q T H K
N Z C S G E W E M C Y S L R X L G F X K
S O E I N B L Q K Y T U L M G X F D Y J
```

# THE WESTERN LIBRARY
## PART 1

CAN YOU FIND THE UNDERLINED WORDS IN THE NAMES OF THE CLASSIC LITERARY WESTERNS IN THE PUZZLE OPPOSITE?

**THE BRAVE COWBOY BY EDWARD ABBEY**

**CENTENNIAL BY JAMES MICHENER**

**HONDO BY LOUIS L'AMOUR**

**LITTLE BIG MAN BY THOMAS BERGER**

**LONESOME DOVE BY LARRY MCMURTRY**

**RIDERS OF THE PURPLE SAGE BY ZANE GRAY**

**THE TIME IT NEVER RAINED BY ELMER KELTON**

**SHANE BY JACK SCHAEFER**

**THE SISTERS BROTHERS BY PATRICK DEWITT**

```
X X G Q L N N T A L A O N T Z Y V O N P
P Y U B T D N A O E J Q E R G H C G D C
A F J M C I Q B Y B J I R K A O C Z S E
T H E B R A V E C O W B O Y H N S G C R
P H K M D U P E I J I U D A W D G Y M P
Y E Q H T B W U W I H J M Y F O X Q T I
U H C W R X E E M W X C Y J C H N N P N
N Z G Q U G P U R P L E S A G E K M K R
S K S R K H N R U H G K V T Q G Q U D Z
S S I S T E R S B R O T H E R S B K Y I
Z R U J H K N G I X K T I E B W W G Z F
X M D U E O T J E C H K S C B G G N Y I
Z C B J Y L R U M A O Y D H Y D D C U T
M I N D V T K O E R U Q Y U N M L E T N
N E W M B A C R E X A M B X N G O N D E
C O K V Y Q H D E S M M E V P V N T V V
D S X Q T S A C R F U J V D A H E E Y E
I I X J O U O U G W S V P E C Z S N Q R
J D R F L J P X A T B H S P T F O N W R
A M U C G D G V B Q F T A Q P S M I O A
O T L I T T L E B I G M A N W Q E A N I
B R O W W E S U Y V O P I D E K D L P N
F F Q A Y K W B B L C L D C M P O X N E
A V X B W T A I E P F C E T T W V K B D
H L R Q J K N N T A V Y U M A N E H I K
```

# THE WESTERN LIBRARY

## PART 2

CAN YOU FIND THE UNDERLINED WORDS IN THE NAMES OF THE CLASSIC LITERARY WESTERNS IN THE PUZZLE OPPOSITE?

ALL THE PRETTY HORSES
BY CORMAC MCCARTHY

CHEROKEE AMERICA
BY MARGARET VERBLE

CLOSE RANGE
BY ANNIE PROULX

EL PASO
BY WINSTON GROOM

FOOLS CROW
BY JAMES WELCH

THE GUNSLINGER
BY STEPHEN KING

HERESY BY
MELISSA LENHARDT

HOW MUCH OF THESE
HILLS IS GOLD
BY C PAM ZHANG

NEWS OF THE WORLD
BY PAULETTE JILES

TRUE GRIT
BY CHARLES PORTIS

```
T H I L L S I S G O L D W M Y G D L C E
Y C A N H V E K F F J F B X K Y N U V V
N K S Q V R W D C Z I Q O M A V E X Z B
A E N H W T V M Y T U M P O H P D E R W
X V W H F E X W L S V U S M L Y O S D Q
Y H C S G R T B C P F W Y H H S X J F Y
P S E H O T F H S K G Z B J C D C P L U
P N S O E F S O E L W M Q X J I W R S W
P D B L Y R T J U G R F A Q A T Y M O Z
K F V U B J O H F F U A L R T L Y C L W
L B E U F V Y K E A B N U C B W C X Y P
T D L Z C O I F E W K U S V N I C Q X L
N T P D P H N O S E O E Q L Q O Y D Z P
U N A P O R Z E H H A R U V I W J G N B
D I S X H S E C O G T M L V Y N D O S P
S E O B C T U T L W R S E D Q X G R B E
T R U E G R I T T Q M B T R V G H E N N
T B Y G D A B C H Y V E D K I Y L D R H
U M D L J R G R O I H V D V T C O S D S
X T F H Z R W W H G K O B B L V A E R K
C D A E K W U Z H M V X R X R P L R V T
U O K R R Z K B N R C L O S E R A N G E
R I Y E L H H Y H T E E R L E P J J G R
V D Z S A R W T S H F O Q F L S A H Y V
O L I Y M R B T S E B S O I X Y O U H Y
```

# DAYBREAK
## SEASON 1, EPISODE 1

CAN YOU FIND THE WORDS AND PHRASES RELATED TO
THIS *YELLOWSTONE* EPISODE IN THE PUZZLE OPPOSITE?

| | |
|---|---|
| **BROKEN ROCK** | **KELLY REILLY** |
| **CAR CRASH** | **MONTANA** |
| **IR ENERGY** | **RESERVATION** |
| **JAMIE** | **RHODE ISLAND** |
| | **ROBERT LONG** |

Luke Grimes as Kayce
Dutton and Kelsey
Asbille as Monica Dutton.
"Daybreak" was both
written and directed by
creator Taylor Sheridan.

X M R K K J X U G F I C U J F V X E W E
H Q L S W N V E V L W F L T Q N E J O H
M K G M Y H Y P I Y K K A A G T H W L D
P N B Q Q C P I T V K C V E B H J H F U
S H N I C A E D E A N A T N O M Q B H N
I Q O N L K V Y U G B K L C K N C A M J
B K D G U R N N N P D E E A O V M S J H
V Y M T H S Q H A L A L N R U Q W D R X
E C E I R A D B M A V L W C S Q L A C F
Y B Z J E S Y K K P Q Y I R L C H N G U
V M C J S R K B G K V R U A B O J X N W
S C D W E H W T R Y I E A S R G A V R T
D C F R R O M V A M B I I H O N M N F O
A K A O V D D G B T T L X S K J I E F I
A X B B A E Z O F D Q L P R E A E C I E
T T B E T I F R Z V Y Y L I N M L X I M
U R W R I S X L Z D X O S C R L I Q W U
D O I T O L Z L G S U I T Y O X E N G J
N Y W L N A C X D J D I G C C V Z Y H R
Q N N O L N B L X I Q R L D K H H X B P
Z F P N N D X A U P E E M B R S U I R A
X W K G X L O D G N V R X B Q H Y N X V
S X L Z K D P T E P G O O S A D Q E D A
U U L Z N U Z R L F L K M F Q S B H D O
I Z A J E Z I M D L A K C M H Y N M H C

WESTERN
WORD SEARCHIN'

# THE LONG BLACK TRAIN

## SEASON 1, EPISODE 4

CAN YOU FIND THE WORDS AND PHRASES RELATED TO
THIS *YELLOWSTONE* EPISODE IN THE PUZZLE OPPOSITE?

CATTLE

CONSTRUCTION

JEALOUSY

JIMMY

LLOYD

RANCH HANDS

RIVER RESCUE

SEATTLE

SURGERY

Kevin Costner as John
Dutton and Brecken
Merrill as Tate Dutton.
Merrill appeared in
fan favorite drama
*This is Us* in 2022.

```
O C W B A A P G F C X L H R O X I G Z N
P W S Z A N F D C I N A N H R Y M N K P
W L E T V Y Q K Y S X S Y F M O C N A M
N N A K Z A K G Y E Z J I E X U P F B B
A G T Q D N N M Z L L N G S C X G R H H
B R T U C A X U R Y O L C D X Q V F J K
K Z L I S N N D I P R Z O S N M C L G S
N I E D D O X V V W X Y C Y V U B Z M A
M Q S H T I X E E X O I Q P D Q R Z W W
U P P R N T M H R C O E T Q T W J K X N
V M Q V Q C M X R U K I Y S U O L A E J
S U X S B U B X E C J Z I X J J O X Z Y
U P W D P R P F S N G E X G E L T T A C
R B U Z A T E C C A Z U Z A H B M I G C
G I Y Q R S P Y U J M O Q N M T M Q P X
E U S Q J N C K E Y S N G M L F F F J R
R I Q I Y O J G I T T N O Z U F I N A Z
Y U D B L C Z V O S Y P U Z K G M N E Q
L F H A N R V K D E B M M W L G C N U P
Y Q H L J A Q M O S F M M W X H W Z P L
V Z P T Y V D Y N V U Y H I H O J N P O
P T K K C R F Y W T Q E B A J D R I A W
H W G P I N G Q D Q W D N A V W L M M P
X U J F O X S R A C U D G P X C X K E O
M A O L W T B O P I S J E X F S I W L K
```

# THE REMEMBERING

**SEASON 1, EPISODE 6**

CAN YOU FIND THE WORDS AND PHRASES RELATED TO
THIS *YELLOWSTONE* EPISODE IN THE PUZZLE OPPOSITE?

**ATTORNEY GENERAL**          **GOVERNOR**

**CAMPAIGN**          **HEAD TRAUMA**

**CHRISTINA**          **MORNING CHORES**

**DEMOCRATIC PARTY**          **STATE CAPITOL**

**STUDENTS**

Luke Grimes as Kayce and Cole Hauser
as Rip. "The Remembering" is the
first episode in which Jefferson
White's Jimmy does not appear.

TCD/PROD.DB/ALAMY

```
M A W T A E I J S P S C E I U C O U Z G
E Z G S F C Q Q U Y C X U X N L A X F Q
Y M R O F X Z Q P E F F P Q E G Y Q Z P
C V T V N C E S I B D I C W D T L K N R
H L E Y S D E W M P P C S Q A A F S K U
M O I I S F S F W P X F C S R T O I D D
L T S F D J O Y Q F X P E E K A X N V N
U I T N K F A E P V F R N C A E U K X I
Z P N O T J L T I F O E H M B N B W V O
P A E X U I M S P H G R U K I X N J Y C
D C D R F E G O C Y I A B X L A G Q W C
H E U D D F S G E S R H J L U O P K C F
R T T V I V N N T T R N C A V O G X O Q
A A S I M I R I D R M W K E B Y D S Z T
F T G R N O N A U I E C R S M N L S A R
F S T R T A E R T U O N S D Q N C E N P
I E O T W H V L D B O V X Z K C J Q O J
B M A X A L S P V R X B F E G I M F O S
A A A N W N R T Z G M U F K N E N C X W
K K X P A X C W H W C A M P A I G N J D
W T H T R S E E W R B G X P J Q K W Q K
W R L Z O C E L F K B Y R D U Y G S E D
E U H H G R X Y Q P J K C H I B O O R V
X T C N C U I Z D Z C R E Y X G Q R V C
S W P U Y T R A P C I T A R C O M E D R
```

# THE UNRAVELLING, PART 1

## SEASON 1, EPISODE 8

CAN YOU FIND THE WORDS AND PHRASES RELATED TO THIS *YELLOWSTONE* EPISODE IN THE PUZZLE OPPOSITE?

**ALLIANCES**

**DAN JENKINS**

**GOLFING**

**FLASHBACK**

**LEVERAGE**

**PHYSICAL THERAPY**

**REPORTER**

**SARAH NGUYEN**

**UNDERCOVER**

Gil Birmingham as Thomas Rainwater. Birmingham appeared in the Taylor Sheridan-penned 2016 film *Hell or High Water*.

```
L Y B W I J G E B T R W D L O G Q F F X
J O I X H T E X O W E G E Q A T J R G N
M X U O T I M I J M Z V M Q J I O W G R
F S Y G X Z G K F N E K A E N Z O Z K F
N J E H O D Y S I R Z Y E U F S K F U H
B K N I P M S B A H L P T M O I R D J I
T J G F X L Q G Z V A A V G G O P D P A
F R T Y N T E X G S L R R T I C W Q N G
M E V M Y U H G M O L E X B V C L X Y P
Y T X O U M C O I T I H Q C L Z R F F X
G J V O M H T Z W H A T R E P O R T E R
L M M L L W K L G Z N L I V S F A I E E
O B X P C J A N D V C A Y Z L G C R B R
M L R A A M I W N W E C W T C P S X B E
U G S V F F F Y U L S I D A A T N G L V
R Z H L L P L C G M U S H Z D X I Y U O
N S F O O M Z I Q K K Y S B G Y K W E C
G H G O T I V V C Q G H R T P K N B R R
E U L Z Y Z Z A W T A P X V X Z E P Z E
I A X O Z R B O B E B F O E V V J O O D
U D T M K H M S T R W Z G V Y P N V Z N
C L U B S Z O D I I C I C Y C L A L X U
X V D A V C C D V Z C I R A K V D A O Z
P S L C A P O S A R A H N G U Y E N N J
Q F H O D A N L P S B W S I Z H B E I W
```

WESTERN
WORD SEARCHIN'

# THE UNRAVELLING, PART 2

## SEASON 1, EPISODE 9

CAN YOU FIND THE WORDS AND PHRASES RELATED TO
THIS *YELLOWSTONE* EPISODE IN THE PUZZLE OPPOSITE?

**BUNKHOUSE**

**COMMISSIONER**

**CORRUPTION**

**ESTRANGEMENT**

**EXILE**

**FLOODING**

**INTERVIEW**

**LIVESTOCK**

**WOUNDED PRIDE**

Cole Hauser's Rip leads a livestock agent along Yellowstone trails in the penultimate episode of Season 1. In 2022, the cast of *Yellowstone* was nominated for a SAG Award for best ensemble cast in a drama series.

PARAMOUNT/KOBAL/SHUTTERSTOCK

```
Q O R G E I T N D R J N X A A X H C P A
I F H X X S Q Z W T B X A S F B S W T G
N S Z I I H E E F J S L I V E S T O C K
T B G A L B D I S T G E N O D D I X N L
E N H F E X D H M N X S M L I L F N T R
R G W Y M C M F Y E U P R J J V A O U P
V N U W V M N H G M C T G T Z X A I G U
I B L Y Q N F I U E W K U V W Z E T J I
E A W L Q G C Q Z G F U W X K G S P C A
W G S J B Q G F J N G W P N H H U U O P
T A H U C L O G R A J H N B E S O R M I
O B K F F Q H E Y R C W G D K W H R M T
F Q M A W Z P X U T O T I B F Q K O I Q
W B U T H W B E S T R C L E N N C S C
Y Q S H N A T H U E P S O G Z K U T S Y
N W N A V Z O Y T D C O I R E A B H I E
A W Q W I Y K J E Q D F R T Q R B S O P
M B F U E B Z D K I D G X F G K O X N K
K J D I A Y N C N N V B C P P J Y B E W
O P I G Q U C G F E L Z O L X H C S R T
E E Z R O U U K V Z Q J D D W O Z U V Y
J R M W S J A V I W S V A K J W B F C X
N V Q Y M J Z B F K Q G C M Q A C H X F
X K B W R F Y P D K I L B L V Y U A X E
F L I P M K I I Z I Y Q M S Z Q W B V P
```

# NEW BEGINNINGS

### SEASON 2, EPISODE 2

CAN YOU FIND THE WORDS AND PHRASES RELATED TO
THIS *YELLOWSTONE* EPISODE IN THE PUZZLE OPPOSITE?

| | |
|---|---|
| **BOB SCHWARTZ** | **MONTANA STATE** |
| **FISTFIGHT** | **PROFESSOR** |
| **HOSPITAL** | **REAL ESTATE** |
| **LAND GRAB** | **REMISSION** |
| | **ULCER** |

Kelly Reilly as Beth Dutton.
At the 2005 Cannes Film
Festival, Reilly won the
Chopard Trophy as the year's
outstanding Female Revelation.

```
Y H T D I W D L P L O M C J Q Z B U N I
N M B D Q E P H U J T C H Z J P R X V L
P D A R N D H P R O F E S S O R Y T U E
K V L E F N J H B F I P B L L U M F S E
I Y B A Y V O R N Q E H R B B R T M L Z
P Q J L M Q M I T V Q L Q Q U B E W L R
N A R E R O W L S L O C S M O H R F A N
F A V S E Y G A E S X C O D N I E I A A
N T N T C W V N Y X I N N F H L U B X Q
M W N A L B A D P T T M K M L Z N T R N
I X X T U X C G K A B C E K C O L W Q Q
V N S E A N J R N V O E P R W H I J H R
D W F Y U V T A R T T R Z N J V M F O Y
M A V V M P S B G F Q T Y Y F O Z H S O
S Q J D H T Z T R A W H C S B O B Y P I
O K N S A X F V V I K O K F F B T R I C
S N O T A T I Z J A G M Z G I P N P T J
Z U E T M J L V L N I N U U S B L W A R
I M I Y X L V K F U E F L H T M K S L G
T K J C A N D E M V T F K S F Q U O Y Q
O G H Q I R Y N T I L G E W I Z R H Z X
R Z M A E N A M A J X H T Y G J P K W S
Q A L X H F G U P V T W E N H V N E E O
I S A P W D H Q Z V C Q X C T U Q Y X D
B V V T D D X N I I H L A R T D C Y Z G
```

WESTERN
WORD SEARCHIN'

# ONLY DEVILS LEFT

**SEASON 2, EPISODE 4**

CAN YOU FIND THE WORDS AND PHRASES RELATED TO
THIS *YELLOWSTONE* EPISODE IN THE PUZZLE OPPOSITE?

| | |
|---|---|
| **AIRDROP** | **CASSIDY REID** |
| **BECK BROTHERS** | **CLOVER** |
| **BLOAT** | **FEDERAL** |
| **BOZEMAN** | **GOVERNMENT** |
| **CASINO** | **POWER PLAY** |

**Wes Bentley as Jamie
and Kelly Reilly as
Beth. Bentley, an
Arkansas native,
attended The Juilliard
School in New York.**

TCD/PROD.DB/ALAMY

```
M  R  Y  X  Q  I  L  U  I  T  Y  O  T  A  Y  K  T  A  M  O
R  H  O  J  D  O  Y  A  D  I  T  L  W  Z  T  V  I  D  U  T
R  V  C  T  K  D  C  X  L  D  I  F  G  P  M  Y  T  Y  U  F  N
G  S  E  W  N  W  U  A  O  G  W  E  Z  A  Y  U  P  H  C  M
T  N  Y  N  W  E  X  B  S  O  C  Q  S  O  A  T  A  O  L  B
Q  S  F  H  V  X  M  N  E  I  G  E  B  T  R  C  D  T  O  N
Z  Q  T  G  Q  B  J  N  A  F  N  E  G  J  N  Y  U  Q  V  I
R  C  D  T  P  E  U  L  R  D  P  O  N  G  W  P  R  I  E  L
N  X  I  U  I  C  J  K  K  E  A  K  U  J  O  C  U  B  R  S
I  V  J  J  N  K  G  L  T  G  V  K  U  W  J  O  Z  I  Q  F
M  P  H  H  W  B  R  B  T  M  F  O  E  B  T  U  X  I  F  Q
K  N  L  K  R  R  C  O  V  Z  Y  R  G  Y  G  U  W  P  S  V
S  D  A  M  B  O  X  K  F  B  P  G  C  L  O  E  Q  S  X  M
H  E  M  D  R  T  F  Z  J  L  J  L  L  V  A  M  C  H  D  M
B  F  Y  E  C  H  T  L  A  E  F  B  O  G  V  R  D  K  P  Z
B  O  U  M  Q  E  U  Y  A  F  J  P  Z  W  A  N  E  U  W  D
H  J  Z  H  P  R  A  J  J  H  A  J  A  I  X  W  M  D  Z  R
B  U  Y  E  O  S  D  G  Q  Y  J  U  H  I  R  U  C  V  E  A
T  R  F  R  M  N  F  I  T  F  U  T  Z  K  R  B  W  D  I  F
D  I  F  A  Z  A  W  A  B  D  M  R  C  X  U  D  M  L  G  I
J  K  M  E  E  C  N  I  I  X  T  B  W  B  N  S  R  L  Q  H
M  U  Y  O  M  C  G  P  H  K  K  S  G  C  W  X  H  O  P  V
X  N  L  O  F  U  R  I  O  O  A  A  J  P  G  J  I  W  P  E
J  I  T  N  G  X  E  H  B  F  Y  S  X  L  K  G  K  E  A  X
N  D  D  I  E  R  Y  D  I  S  S  A  C  O  Z  F  X  W  P  X
```

# TOUCHING YOUR ENEMY

## SEASON 2, EPISODE 5

CAN YOU FIND THE WORDS AND PHRASES RELATED TO
THIS *YELLOWSTONE* EPISODE IN THE PUZZLE OPPOSITE?

**BALLISTICS**

**CONFESSION**

**EVELYN DUTTON**

**FIELD TRIP**

**INDIAN RELAY**

**LIVESTOCK AGENT**

**RODEO**

**ROMANCE**

**STANDOFF**

Kyle Red Silverstein as Young Rip.
The young actor also appeared
in *American Horror Story* spinoff
*American Horror Stories* in 2021.

```
A E K M C E H V A A C S B G O C S A G K
A J A N G Z H Z K Y A C L A F F I W L M
R Z D B L V I K N O I S S E F N O C F V
T E E A A M D F P D L O U T K U Y Y F H
V F D A L L H H P L X M Z D E C M Y K T
M P H Z G D L O X E Q U R Z J J M E Y O
E C H R T U Q I P J Z M H F K M Z V E B
A D R R B N K W S T K B M W I O J E G C
E J V S C Z E G B T K S I Q J M H L X H
K Y U C K P E G J Y I G J P J M F Y P G
Z E J B E B B X A W O C D Q U F K N L H
W Y E Q W N F B K K X F S M X S N D L S
F W A C C Z C D V J C R M R T H T U A M
I Y X L N Y J R B B M O B O B P R T R Q
T U N M E A L W W N C D T Q M E L T N J
N X C P F R M E D H K J P S T H E O D E
B L D W F L N O P I R T D L E I F N I M
D X X I O K Q A R M S K L L U V W A G A
J A M O D L W V I C U Z O Y X I I M U E
S B T E N Q A P O D Q X N F E C H L C N
J K J D A W T M R O N D I Y F Q R V E V
C J P O T J W T L Y D I A I Y V R W A S
A V Z R S I I H I P X W J G M R Z C W X
X A R E T N L Y J G X W A D R U J H Z G
X X T Z H O Z T X Q O Z G N N A J W B W
```

# BLOOD THE BOY

## SEASON 2, EPISODE 6

CAN YOU FIND THE WORDS AND PHRASES RELATED TO
THIS *YELLOWSTONE* EPISODE IN THE PUZZLE OPPOSITE?

| | |
|---|---|
| **BELT BUCKLE** | **MURDER** |
| **BUCKING HORSE** | **PARTNERSHIP** |
| **HARVARD** | **POISON** |
| **LEGAL THREATS** | **SHERIFF** |
| | **SLOT MACHINES** |

Luke Grimes as Kayce
and Kevin Costner as
John. Costner received
a Primetime Emmy
Award for Outstanding
Lead Actor for his role in
*Hatfields & McCoys* (2012).

```
A U E W D Z P I H S R E N T R A P X Y C
W U M U Y D K K Z W V M H K A U F X P A
E K M B C E E S R O H G N I K C U B H V
A A C S E B G O C S A G K A J A N G Z H
Z K Y A C L L P O I S O N A F F I W L M
R Z D L V I T K F V T E E A M D F H P D
L O U T K U Y B S H E R I F F Y F A H V
F D A L H H P L U X M Z D J C M Y R K T
M P H Z G D O X E C Q U U Z J J M V Y O
E C H R U Q P J Z M K R F K M Z E A B A
D R R B K W T K B M W L I O J G C R E J
V S C S Z G B K S I Q J E M H X H D K Y
U C K L P E J Y G P J P J M F P G Z E J B
E B B O X W O D Q U F K L H W Q W N F B
K X F T M X S C L T F W C Z C D V J R M
R T H M T I M I Y X Y J R B B M H Z G P
R M Q A O S T A E R H T L A G E L U N M
L W W C N C D Q M E L N J N D C P E D H
K J P H T H E I E X L L W L I T D X X I
O Q M I S K L L X W A G A J A M L J V C
H Z O N Y X I T U E S B T Q A P O Q X N
Z E C E H C N J K J M U R D E R W T M R
O D I S Y F Q R V E V C J P J W T L Y D
A I Y V R W A S A V Z I I H I P X W G G
M R Z C W X X A R E T N L Y J G X W A D
```

# ENEMIES BY MONDAY

### SEASON 2, EPISODE 9

CAN YOU FIND THE WORDS AND PHRASES RELATED TO
THIS *YELLOWSTONE* EPISODE IN THE PUZZLE OPPOSITE?

| | |
|---|---|
| **AIRPLANE HANGAR** | **JACKSON HOLE** |
| **CESSNA** | **POLICE OFFICER** |
| **EXPLOSION** | **PREGNANCY** |
| **GRANDFATHER** | **SABOTAGE** |
| | **WINTERIZING** |

Kevin Costner as
John Dutton. After his
role in *Dances with
Wolves*, the Sioux
Nation made Costner
an honorary member.

```
I M S Q S F C W D H V A J Z E F Y H P S
O U A I X P H B N J J Z H H Y T G X H Z
A I B H S J R E O Y M I X P J B C Y D I
H F O D O H Y E R K G N S J G Q H I L U
O S T P S S P P G V I U C O W B X O X P
C A A C V S K R Y N O A C L D I T N L C
F L G C T Q B A A F A M W J R L X R Y N
W P E W O M L G X R Q N A M O U W P T E
Z H W P P C N N U W U C C X Y J L C R P
T F Z L K Z P A R S K P L Y L D U X E C
P U U L N Y X H X S N X V S O S V R C N
O N G G B V K E O L T K T Z G K E G I X
U Z Q T M O G N U E Z T T U T H H I F X
S F V C X R H A O E Q T F G T P P U F Q
Q O O S Y O W L G Y H H E A P H Y C O T
E O G S L I O P R N P U F L Z F T W E B
S P B E N B H R B V I D C E B L W K C F
E X L H E T F I Q G N Z C R N R O R I Z
U B A R E E G A L A Q C I M P Y T Z L B
I Y Q E T N J T R C A V V R A T F Z O Z
M Q I A R M F G O C W W U Q E N S Q P P
Y Y T T A L O Y E N I Z M D E T S E E L
I I K A A B U Z D Z W U Z D Q T N S R R
M C R J U L L I C N V V Y O E D H W I E N
W Y G O I P N O I S O L P X E G U A W C
```

# AN ACCEPTABLE SURRENDER

## SEASON 3, EPISODE 3

CAN YOU FIND THE WORDS AND PHRASES RELATED TO
THIS *YELLOWSTONE* EPISODE IN THE PUZZLE OPPOSITE?

**AIRPORT PROJECT**

**LAND LEASES**

**CAMPOUT**

**LIVINGSTON**

**DEPUTY DA**

**SKI RESORT**

**ELLIS STEELE**

**NO RECEPTION**

**ROARKE**

Cole Hauser as Rip and
Kelly Reilly as Beth. Both
veterans of shoots with big-
name directors, Hauser has
worked with Gus Van Sant
and Reilly has appeared in
two Guy Ritchie films.

```
F J V D Q D A T W Y M T A H D F W F W S
T Z U K E R Q W M O Y C E B P H I V X Z
A M P Z O N H B H Q L S V U L J L V A N
S Q H E F H C V R Z P R V U H R L B U F
I Y L M T A D J H V X L R C D O S O C K
C D Q L L N I Y W X P M R B F M C Y D V
S K T W A E R R L F R D C T V E S F L L
W S R Q B E Z K P N S M J C X L V T Y Y
N V K E J C Q C E O J J T A X G V W J V
B B Y X C B A N H F R Y F L B Q Z Y Y N
V R D N R O A R K E M T E G G K O O O Z
B S T L A B N X X Y T H P Z X A N I D D
V T D W A C U O L Y K B D R D N T F S N
E H M H F H G B T B M B F K O P F E B N
X U Q C X R G E T S A F I R E J S X Z L
H L U T R N C M B V G G H C L A E X R C
E L L I S S T E E L E N E U E Q R C S A
I N A Q K O W V K K Z R I L M B F K T M
K I M K P U H C F K O Z D V X N I E I P
M K G L P Y P B A N H N F Y I R K X V O
R R T U J T L Z W A A A P E E L D O V U
S O B F U O B F Y L S V Z S R Q P U A T
P Q E N J O F J X G W L O V Q D M M F O
R B D E P U T Y D A W R Y Q V O E V T T
D I D L Y S Z Y K Q T S J E X Q B A C U
```

# GOING BACK TO CALI

## SEASON 3, EPISODE 4

CAN YOU FIND THE WORDS AND PHRASES RELATED TO
THIS *YELLOWSTONE* EPISODE IN THE PUZZLE OPPOSITE?

| | |
|---|---|
| **BARREL RACER** | **MARKET EQUITIES** |
| **CEASE AND DESIST** | **MEDICAL BILLS** |
| **CONCRETE** | **MO BRINGS PLENTY** |
| **FLIRTATION** | **RUMOR MILL** |
| | **SHATTERED HIP** |

Luke Grimes as Kayce and Kelsey
Asbille as Monica. A former Disney
Channel star, Asbille appeared on
the show *Pair of Kings*.

B M U F T J L O O X J R F H Y N G R D Q
S P Q X H R S P I H D E R E T T A H S R
S P R U P Y P E W K O H P M F Q U X B V
B I Z E S W T S I S E D D N A E S A E C
W T E M L K Z E Q T O D R K N M D O B G
J F Z A L X M B M J I F U S Y Q L X M Z
U R J V I X M J W J S U Z I L T O N X Z
V P N K B H L X I R T Q Q Y H Y J C S P
W C W U L D Z D X C X J T E C N C V A S
P K X A A I Z U L M C N E U T L S I Q E
G X Z X C Y B P B A E A V G B E M N Q N
L L A T I H W V K L O P N O R X K K D V
L T S P D U O B P A B B U O I Q Q R E B
E A E W E U N S C O N C R E T E P J A M
V T V B M M G L B X E L N C I Q P Y U M
Q C D E A N J H W D E O S L Z J R G W J
J U D N I R A S Z P I L T B I F U M D U
Z W U R B N R I D T S Y L L A Z M T Z B
O J B X O T K E A F G U T M G P O E J L
K O H P R I O T L N O S E E N R B Y X
M W I V R Q R P E R Q K V H Y C M D V C
E Z B G L I I F P M A Z U O E M I B U R
O P H B L K D R R P B C U A Z F L J U M
R I X F G O A U F I Q J E M D R L G X K
B Z U L N Z M S C P Y I P R W K H C S C

# COWBOYS AND DREAMERS

### SEASON 3, EPISODE 5

CAN YOU FIND THE WORDS AND PHRASES RELATED TO THIS *YELLOWSTONE* EPISODE IN THE PUZZLE OPPOSITE?

| | |
|---|---|
| **BLUE THUNDER** | **DEVELOPMENT** |
| **BETRAYAL** | **HEALTH SERVICES** |
| **BUFFALO** | **SHORT SELLING** |
| **CEREMONY** | **TEENAGE BETH** |
| | **WADE MORROW** |

Gil Birmingham as Thomas Rainwater, Mo Brings Plenty as Mo and Kevin Costner as John. Brings Plenty was born and raised on the Pine Ridge Reservation, in South Dakota.

```
I  I  Y  D  L  H  H  B  D  E  V  E  L  O  P  M  E  N  T  Y
Q  D  I  I  P  S  Q  T  S  S  W  K  I  F  P  F  K  O  A  E
T  T  X  S  K  Z  I  I  L  B  O  Q  W  H  W  W  B  W  B  L
I  S  D  D  H  A  K  R  H  H  N  L  D  J  A  J  H  G  F  B
L  H  E  V  F  O  K  V  F  E  U  X  A  S  B  C  F  M  L  P
H  Z  B  C  T  Q  R  Z  U  S  Q  D  T  F  N  W  K  D  N  M
X  G  N  G  I  T  E  T  Q  H  Q  H  B  K  F  W  F  V  M  M
H  U  M  H  R  V  C  Q  S  F  K  E  Z  L  B  U  X  S  U  T
M  N  X  D  B  X  R  S  I  E  M  C  U  Z  U  O  B  X  E  E
W  W  H  Z  T  R  B  E  V  E  L  I  S  R  Q  A  D  U  G  E
L  A  G  E  W  D  I  R  S  U  H  L  E  V  D  Z  B  E  G  N
A  D  I  M  E  E  S  D  B  H  S  B  I  S  F  T  N  E  T  A
J  E  H  G  F  V  Q  P  P  L  T  S  J  N  M  G  F  G  K  G
F  M  V  B  E  T  R  A  Y  A  L  L  Z  Y  G  Z  W  H  D  E
N  O  F  R  P  R  Y  F  B  E  C  O  A  H  R  O  W  G  O  B
B  R  X  I  C  E  B  Z  A  F  L  F  O  E  V  M  S  X  N  E
V  R  O  P  D  V  J  W  J  B  M  N  J  B  H  A  D  X  Y  T
K  O  M  H  I  Q  F  I  O  C  A  J  G  P  D  H  K  N  V  H
K  W  B  L  U  E  T  H  U  N  D  E  R  Z  H  Z  O  P  O  F
H  E  X  Q  F  R  T  Q  X  K  P  W  R  F  K  M  I  Y  N  Y
J  Y  P  P  K  S  Z  D  J  X  D  R  P  D  E  Y  V  Y  J  H
A  Z  P  J  B  F  J  N  J  V  B  F  R  R  O  Y  S  V  Z  X
I  B  T  X  V  V  V  D  O  F  D  Y  E  D  K  P  Z  H  L  Q
Y  L  W  S  V  R  X  U  V  K  Z  C  Y  R  S  F  G  L  H  Y
T  I  O  B  H  C  O  O  S  L  Q  W  F  B  A  R  R  B  U  O
```

**WESTERN WORD SEARCHIN'**

# THE BEATING

## SEASON 3, EPISODE 7

CAN YOU FIND THE WORDS AND PHRASES RELATED TO
THIS *YELLOWSTONE* EPISODE IN THE PUZZLE OPPOSITE?

| | |
|---|---|
| **AUCTION** | **NEW MONTANA** |
| **DINER** | **ROBBERY** |
| **HEART TO HEART** | **SLEEPOVER** |
| **LARAMIE** | **TRAILER** |
| | **UNBRANDED** |

Kelly Reilly as Beth. Reilly's
start in acting came in
the 1995 ITV movie *Prime
Suspect: Inner Circles*.

```
R B F F K D C R N K A I B R X I R B I A
G S M C B K B R O O Z Z F S M Q K E U D
N E W M O N T A N A T N J P R G K R W E
B M F F Y Y Q W Q Y E D V P R E G N D D
J P V H F S J R I C D A J E L V M U Q N
T F D K Z B U E Z W R F L S Q D K H K A
H P Z V A K M V H Q D I A K O A S R I R
X G F Q M M H O H V A S D I W E X U S B
B Q R K H E B P J R R A V I E A D W Z N
X T M V I K B E T U Q H H B I O B G D U
I Q R N J R G E A A N E I G M K Q N X F
E Y O U P R J L E O R A R C A J V P X S
T S O A T K K S I X F R K E R X N K E H
M E M S X N L T N S A T Y R A Y B M D Q
F L A N Z M C T J Z C T F K L Y H F Z Y
G W X D H U D R B T A O T X C D U P R I
I F W A A H G W P B Z H J L J U A N N B
I D D F W J J Q N X M E N R S N O W H J
F F W H Z J A U Y U X A N S Y O Z J T R
T W V C W B Q X Q Q B R H W R E F V Q D
W Q J K Y D T P X L D T Y Q E C D B M S
H F M U G Y Y X V D Y X A Q B V G P Y O
O L I O A D S S B L W K W R B O L K Q V
C A D I N E R Y N N H C E O O N Y K W E
L R Y U U W X B T X I U R G R A H K I M
```

WESTERN
WORD SEARCHIN'

# I KILLED A MAN TODAY

### SEASON 3, EPISODE 8

CAN YOU FIND THE WORDS AND PHRASES RELATED TO
THIS *YELLOWSTONE* EPISODE IN THE PUZZLE OPPOSITE?

| | |
|---|---|
| **BILLINGS** | **SCHWARTZ AND MEYER** |
| **CONFRONTATION** | **SHAREHOLDERS** |
| **FLY FISHING** | **STING OPERATION** |
| **HEDGE FUND** | **STOCK** |
| | **WILLA** |

Forrie J. Smith as Lloyd.
Before becoming an
actor, Smith logged
many years working as a
real-life ranch hand.

```
I B Q D X S Y S J F Q R I O U D W Z H X
U Y R A R R F W C Q J S P S Q I Q N D Q
Z X X X H X Z X T S F N K D U V L O E F
M X V J D E L X V D T U X E D O M I I T
H R E Y E M D N A Z T R A W H C S T T I
P R S N A L C H M V B Q S D D R C A D F
N W B K J X W G T F E J M T K M Y R Z H
K C L S Q L C A S W U Z C N O N V E Z S
F P C H J F U R I G X A G V W C B P U K
W Q S S F D T S M V N K T U K T K O U A
Z P E G D N D T A A F I D V T I S G Q J
G K G D S O K N T F F L L B T D S N J B
Q O S L W I R G U G S Y Y L V B H I B B
O X T P C T X D M F R J S F I U D T X I
V V M D Z A E U R F E E R Q I B W S Y W
U X J M O T D X H Z D G L Z O S P N N Q
A D K A A N V O X G L A D L I A H O Y A
V I J V J O O A W X O O D E E X L I Q D
Q V O J R R Q K I W H K B Q H L E L N L
S A Z H S F O B A T E W E N B J P R V G
S W U P M N M W L M R M Y D E S W I F W
Q Y J J X O D H Q L A N D D D V B Q C Q
R B S O S C R R Y I H L T K D V Z L G Q
Q J E Z W P E A Y V S P A U Z J F L F K
G L A V O S L A L L I W J X B B J J Y Z
```

# HALF THE MONEY

### SEASON 4, EPISODE 1

CAN YOU FIND THE WORDS AND PHRASES RELATED TO
THIS *YELLOWSTONE* EPISODE IN THE PUZZLE OPPOSITE?

| | |
|---|---|
| **ASSASSIN** | **RATTLESNAKE** |
| **BOMBING** | **REVENGE** |
| **CARTER** | **ROADSIDE** |
| **CLIFFHANGER** | **SCAR TISSUE** |
| | **TORTURE** |

Cole Hauser as Rip. Hauser
delivered his Hollywood
breakthrough performance in
the 1992 drama *School Ties*.

```
Q  J  B  J  J  L  R  B  O  O  P  Q  P  R  C  A  R  T  E  R
T  R  U  T  Y  W  Z  A  G  Q  V  B  A  I  T  U  I  K  L  S
M  V  R  O  H  C  N  H  K  F  L  E  T  E  X  Q  E  L  M  B
Y  F  R  R  F  W  A  S  S  A  S  S  I  N  X  N  Y  W  Y  C
O  A  N  T  P  P  S  B  Z  O  P  Q  E  R  B  H  V  M  N  K
M  J  A  U  R  S  W  J  O  A  M  S  O  O  C  R  P  F  E  P
J  E  N  R  J  F  Q  B  N  I  E  M  M  Y  U  A  S  K  D  U
D  B  G  E  F  V  G  K  X  P  O  B  P  Y  F  T  P  Q  I  G
D  K  T  R  L  X  L  Y  X  X  I  K  I  T  R  T  Z  F  S  X
C  J  P  A  G  P  T  S  R  N  R  M  B  B  N  L  D  C  D  W
X  Y  M  P  H  D  L  Q  G  T  E  D  Z  H  U  E  Q  W  A  M
Q  Y  E  R  L  W  H  F  J  N  G  N  V  Q  J  S  D  O  O  Q
E  Z  R  I  T  M  Y  S  L  N  N  T  X  B  W  N  F  B  R  N
N  N  E  Q  Y  T  Q  I  C  P  A  K  Q  M  N  A  F  P  B  A
E  F  E  N  K  E  X  Q  F  Q  H  K  E  B  T  K  E  M  V  U
J  E  W  U  H  C  Y  A  P  S  F  N  T  F  L  E  F  N  S  E
K  X  R  V  S  I  A  K  X  D  F  Y  Y  I  O  T  V  Z  I  X
U  M  C  D  G  S  X  P  P  K  I  F  E  V  Q  B  J  F  S  S
A  F  W  O  I  S  I  J  R  Z  L  I  S  U  U  T  F  Z  R  V
L  B  N  L  T  J  S  T  W  A  C  S  I  G  G  Y  E  P  C  E
I  J  B  G  F  W  V  F  R  L  G  P  L  N  V  Z  V  Y  H  C
B  W  Z  U  Y  V  X  C  A  A  F  S  N  L  V  N  W  U  X  S
Q  O  D  R  W  S  P  V  R  U  C  J  S  P  N  K  K  M  M  J
R  C  O  E  G  N  E  V  E  R  R  S  H  P  G  W  X  F  I  K
U  K  F  T  T  T  Q  U  S  L  Y  H  K  J  F  R  J  W  M  O
```

# PHANTOM PAIN

## SEASON 4, EPISODE 2

CAN YOU FIND THE WORDS AND PHRASES RELATED TO
THIS *YELLOWSTONE* EPISODE IN THE PUZZLE OPPOSITE?

**ATTACKS**

**CONSPIRACY**

**BURIAL SITE**

**DIG SITE**

**CHECKERS**

**HOT SPRING**

**CONSTRUCTION**

**PERMISSION**

**RECOVERY**

Kelly Rorbach as
Cassidy Reid. Rorbach
also starred in the 2017
reboot of *Baywatch*
along with Dwayne
"The Rock" Johnson.

C N J D I Y C A R I P S N O C Z I Z V T
P H V W B U T U A I B E C W F I M U Z B
P C P I V O M B P E W Z C H E C K E R S
D B E E L H A O H I Q O Q O Q Q U F U I
U W O X R I V Q N D I G S I T E T Z E D
U S X K A M D U F B Z Q D Y O E E Q L V
X M Z Y S D I S J X I M C F V R V Q M K
Y T C Z F B K S D Z P P E R F U V K C U
V W E W U U G U S O J R H H P G N F U P
Z O P H C R Y M W I Q J S O O Y C J S S
A B W R E I Y U I U O O J T V B F B R L
L P N E I A U G V H T N S S P Z Z X N S
B P F C P L S K N X N R H P Y B W L V L
T R O O X S R Q P U W M J R E C D S D N
V Q Y V Y I S U X A O C E I O D J R I E
Q M R E W T P K F A H U L N J U N W U D
O D L R Y E F S N V I W S G L R R D H K
C G I Y G R O W Z Q T T L O F H M R R C
J N M Q O W N X D H R R O S I J R R M Q
G Z L Y Z P P Y R U H B K K W X I X I F
E I M D P I X F C I O T N C Q D I K W V
B D V F H Q D T M Z L D U A H K F F S R
V B Q R N A I R A N J K A T K S K K P T
L U R D H O Q N D P B B M T C L K W Q G
R Q P P N N H O U V Y T P A F W P M N U

# UNDER A BLANKET OF RED

## SEASON 4, EPISODE 5

CAN YOU FIND THE WORDS AND PHRASES RELATED TO
THIS *YELLOWSTONE* EPISODE IN THE PUZZLE OPPOSITE?

**ADOPTION**

**CELLMATE**

**DISSENT**

**INFILTRATION**

**SCATTERED**

**SWEAT LODGE**

**TRAUMATIZED**

**VISITATION**

**WARRIOR**

Kevin Costner as John
Dutton and Brecken Merrill
as Tate Dutton earlier in the
series. Merrill's first feature-
length film, *We All Got Up to
Dance*, is upcoming.

F K B Z B X L W C C D W B L S H Q G N D
F Z D X A H Z K U T F G S G C O M J Y F
M A K L C I V J U V P A W E Q T F O S D
H B W U S B C H B E T A M L L E C O I C
Y O A O A P Z L H R R E B F O H L S O E
L E H Q F V J L X R M S A D W O S Y R L
U N E Y M P Q C I A Z Q R R B E J U A T
E B E S J K S O T M A J N Q N Y G A E S
Q K V T W I R H T L Z M J T G C K D D S
D P S I J J N M X R O S J G L R S G K M
V Q N K N V Y M C F G X R P K T N I X C
F O R J Z F H O N O I T P O D A U E X F
G P T E B T I N P C F N A K I G L B D J
R M Z F G U I L T X C R I A S J A J T M
R J D K D S D G T C T B X Z Z C G T P U
J W E I Z Z C S T R P D U E N D E N W Z
N H X C M F B S W E A T L O D G E O M U
L R W G R L T O U A H T F D F J X I B I
D O N T Q M D D P Q T A I W Q M N T G H
R X K G E U E U O S P F S O P Q U A E S
D B G R M W L A C P Z Y B A N K Z T A Z
S Y H J F Y D E I E Y Y M O Q D I I Y A
J O H G Z K Z X Q D E R E T T A C S L O
W B Y C B T V S C U K D A S F T E I Q D
C D E Z I T A M U A R T L W D O Z V M L

**WESTERN WORD SEARCHIN'**

# NO KINDNESS FOR THE COWARD

## SEASON 4, EPISODE 8

CAN YOU FIND THE WORDS AND PHRASES RELATED TO THIS *YELLOWSTONE* EPISODE IN THE PUZZLE OPPOSITE?

| | |
|---|---|
| **BIOLOGICAL** | **GUBERNATORIAL** |
| **BUSINESS CARDS** | **HELENA** |
| **CAROLINE WARNER** | **INSIDE AGENT** |
| **GARRETT RANDALL** | **JOURNALISTS** |
| | **PROPERTY** |

Eden Brolin as Mia and Hassie Harrison as Laramie. Harrison also stars in the TV comedy *Tacoma FD*.

```
H V Q G Z U Z Q H B J W I N Q T T O J G
H Z A X A W V O K T I J S J L Y U U X A
C E O W O E S V S O C O S J R Z H H F R
B Y L X B B Z D P K X F L Q N X G P W R
R A W E X G U Z R P Q J I O Q D F X M E
F E U K N C G C D A Y I U U G G X K R T
C O B W Q A W B I F C N P H R I F Z J T
A R C S H X H S E P V S N M Y V C C K R
R O N L P V A X Y O G I S Q H U D A D A
O S F L D J J B M A O D I E R I A H L N
L V Y V Y S Z K W A O E S P N P K T R D
I P W E F M K D D L F A A N H I I Y L A
N I F J O Q Z S K K L G F T Q E S T S L
E P T E Y N P W T H P E T X H I J U P L
W H C O O S I Y Q B A N I C A R O S B L
A Q F Z H H L D B Q D T Q H K L U T C H
R X A Q F F X N X G G B Z S P W R N E N
N P W B S M V Y B U I D R R P M N E K Q
E D N U I P Z O K D G I O U V P A F X H
R C U J A V B D T Y P P K G F D L L T P
H I T K V B J U W S E P L J A S I P C M
H Z Z T X M Q U F R M X P L V T S X W L
M P O L A I R O T A N E R E B U G T J Z C
Z Y E R R N P Y D J X F G Y B E S G I E
G B U I X T T Z G U Q K W J X J Y H I T
```

# GRASS ON THE STREETS AND WEEDS ON THE ROOFTOPS

## SEASON 4, EPISODE 10

CAN YOU FIND THE WORDS AND PHRASES RELATED TO THIS *YELLOWSTONE* EPISODE IN THE PUZZLE OPPOSITE?

**DEVIL'S BARGAIN**

**DISGUISE**

**DISPOSAL**

**FIRED**

**FIANCÉE**

**KIDNAPPING**

**MARRIAGE**

**POKER NIGHT**

**TEXAS**

Luke Grimes as Kayce and Kevin Costner as John. Grimes is a graduate of the American Academy of Dramatic Arts in New York.

EMERSON MILLER/PARAMOUNT TELEVISION/EVERETT COLLECTION

```
X H K H F N W N U N T F G T N L F P S Y
D M T G P H Y X H D U W M I D D Q N M H
P Y Y P I M S Y E I I Y E E C N A I F W
Q U K L N H L I C G T S F V X R E B S G
W B W P B J Z J C B C R G A B R B N A L
O V P B D C P W E I P T L U H U M S G C
Q V L F I P G Z K W B F I D I F D V M G
T V C W N R A B W C H R I C T S U T K Q
L N L Z Q S A S O E C Y O J M W E B P B
M I P U E Y I R G I X F R M Q S L C O O
P A Z T P H T A K O U Q N A Q S K M H P
Y G X Y X P I R I E P G G O X X Q I E V
L R T M V R D G D P A N X N H O K Y P K
W A Z Y R A I B N O N L O D E Y N Y E U
M B N A C H S J A X M F F P A A N E D B
P S M I V Z P I P U C N Z O Z I T Q S N
Q L Z A Z A O H P X I D G A H V H Y W V
E I L Q O A S E I A N A N Z N K G K S W
R V F E S O A T N B H E V A F L I Y W X
D E O I F A L G G J T R A X Z D N L S K
I D N M R X I E N F B A Y F B X R S V Q
G Y C P I E S D G S H Q D H K A E A G D
B B D B L C D A I K T U E V B H K X U N
Z O F S V L L C V J R X I E S R O E H V
J E K B L B G Y X M O T I W F D P T T G
```

# FIGHT ON!

## CAN YOU USE THE CLUES PROVIDED TO FILL IN THE 5X5 CROSSWORDS BELOW AND OPPOSITE?

### ACROSS

**1.** It can be feathered or scaly

**4.** Orange _____

**6.** Step between lather and repeat

**7.** Prizefighter De La Hoya

**8.** Two of these, crossed, form part of the papal insignia

### DOWN

**1.** Like a clean, frosty morning on the ranch

**2.** Roughly 28 grams

**3.** Determine the composition and quality of metal

**4.** _____-Magnon

**5.** Liverpool indie rock band that died in a 2019 auto accident in Arizona

**DID YOU KNOW?** The name Yellowstone comes from sulfur deposits found throughout the national park.

## ACROSS

**1.** "My momma told me, you better _____ around" —Smokey Robinson

**4.** Word for a ghost, or a girlfriend c. 2010

**5.** Often the opposite of "vacant"

**7.** _____gut: poor quality booze

**8.** _____ & Daughters, purveyors of fine fish

## DOWN

**1.** Like Kayce to John

**2.** *The* _____, 2002 film starring Nicole Kidman as Virginia Woolf

**3.** Like Keats or Yeats

**4.** Preceder of hall, in Deutschland

**5.** [dot dot dot] [dash dash dash] [dot dot dot]

# RECENT AND ANCIENT HISTORY

## CAN YOU USE THE CLUES PROVIDED TO FILL IN THE 5X5 CROSSWORDS BELOW AND OPPOSITE?

### ACROSS

**1.** Miss _____, ubiquitous early-2000s TV psychic

**4.** Kanga's Kid

**5.** *The _____ Is Right*

**7.** Home of Christ the Redeemer, informally

**8.** Source of downhill fun in the winter months

### DOWN

**1.** Latin root (meaning "heart") of the words discord and cordial

**2.** French river with a famous and eponymous valley known for its wines

**3.** Hydrox knock-off

**4.** Like D&D or *WoW*

**6.** El _____, nickname of Spanish knight Rodrigo Díaz de Vivar

## ACROSS

**1.** Exclamation to avoid the swear jar

**5.** 1979 creep-fest *Flowers in the* _____

**7.** One who plays with house money

**8.** _____Fresh, meal-kit delivery service

**9.** One of two "r" words frequently mispronounced by Elmer Fudd

## DOWN

**1.** A grizzly wound

**2.** "The object of war is not to die for your country, but to make the _____ [BLEEP] die for his." —George S. Patton

**3.** An arrangement of steps, often found on ranches, that allows people but not animals to climb over a fence or wall

**4.** The Black _____ of South Dakota

**6.** To coagulate, as blood

# ENCYCLOPEDIA HODGEPODGE

## CAN YOU USE THE CLUES PROVIDED TO FILL IN THE 5X5 CROSSWORDS BELOW AND OPPOSITE?

### ACROSS

**1.** Ailment for many a former smoker

**5.** Active ingredient in many a soothing skincare product

**6.** Violent disturbances like those in New York in 1863 or Los Angeles in 1992

**8.** Distributes shares, with "out"

**9.** "To _____ is human..."

### DOWN

**1.** Things for playing or greeting

**2.** Oil, in Ostia

**3.** William _____, 19th-century butcher who served as inspiration for Daniel Day-Lewis's *Gangs of New York* character

**4.** Discourage

**7.** Like Belarus or Bulgaria before 1990

**ACROSS**

**1.** For runners, one is often 400 m

**4.** Go upside one's head, biblically

**6.** World leader who, in 2014, said "A bear won't ask for permission"

**7.** It can be amber or orange

**8.** Le penne _____: the black pens, in Perugia

**DOWN**

**1.** In the U.S., you might get one of whiskey, but not milk

**2.** Object that serves as the villain in the 2011 horror-comedy *Rubber*

**3.** With "up," about to boil over

**4.** The length of a bridge, technically

**5.** Famously stubborn beast of burden

# SCIENCE AND RELIGION

CAN YOU USE THE CLUES PROVIDED TO FILL IN THE 5X5 CROSSWORDS BELOW AND OPPOSITE?

### ACROSS

**1.** Carbonizes with heat

**5.** A very uplifting traditional dance

**6.** A bottle of Squirt, Mr. Pibb or Mello Yello

**8.** Elizabeth Ann _____, first American saint in the Catholic Church

**9.** The Pine Tree State

### DOWN

**1.** Abyss

**2.** Biblical prophet who was the son of Beeri

**3.** You might order one alongside your vindaloo

**4.** Element No. 86

**7.** Suffix for saturated hydrocarbons in chemistry

| 1 | 2 | 3 | 4 | |
|---|---|---|---|---|
| 5 | | | | ■ |
| 6 | | | | 7 |
| 8 | | | | |
| 9 | | | | |

## ACROSS

**1.** How dragons end up when they face off against valiant knights

**5.** Slangy thank yous in Southampton or Staffordshire

**6.** Lingering discomforts

**8.** Eden's apple eater

**9.** New York college named for a Scottish island

## DOWN

**1.** Cold War-era East German secret police

**2.** Lancelot du _____

**3.** Of a sickly gray countenance

**4.** Beth Dutton might stick hers in others' business, or rub someone else's in something

**7.** Gabor of *Green Acres*

# FOOD AND DRINK

## CAN YOU USE THE CLUES PROVIDED TO FILL IN THE 5X5 CROSSWORDS BELOW AND OPPOSITE?

### ACROSS

**1.** Steel reinforcing rods used in concrete construction

**5.** Male bovine draft animals to be found at ranches

**6.** Lines delivered by many a stage Caesar before "Brute?"

**8.** 2019 movie about aspiring comic artist Mitya Privalov, whose engineer parents want him to follow in their footsteps

**9.** Languid

### DOWN

**1.** Raw ingredient in caviar

**2.** Word said by an old-timey newsboy

**3.** Concrete, in Calais

**4.** You might wear your pencil into one

**7.** Species of bean native to East Asia and used widely in cooking

**DID YOU KNOW?** Kevin Costner's 2023 Golden Globe for Best Actor was the first major acting award for the show.

## ACROSS

**1.** Urgent word in ERs

**5.** Past tense of heave

**6.** Sheepish, technically

**8.** Indiana NBAer

**9.** Follower of construction or dig

## DOWN

**1.** Stop & _____, supermarket chain

**2.** Followers of Shanas on Rosh Hashanah

**3.** The lowest circle of hell in Buddhism

**4.** 2020 Christopher Nolan film starring John David Washington

**7.** Before, poetically

# ALL OVER THE WORLD

## CAN YOU USE THE CLUES PROVIDED TO FILL IN THE 5X5 CROSSWORDS BELOW?

### ACROSS

**1.** Quarter _____, necessary strap for saddle bronc riding

**5.** Bit of equipment for Montana fly fishing

**7.** Light theatrical entertainment, like a vaudeville show of old

**8.** Computers built by Nippon Denki Kabushiki-gaisha, informally

**9.** Withered and dry, as a tumbleweed

### DOWN

**1.** You can tend one, or lower it

**2.** Princess of the Netherlands who forfeited her place in the royal succession when she married a Catholic in 1964

**3.** What one should never say

**4.** All-square at the Australian Open

**6.** Article before *Misérables*

| 1 | 2 | 3 | 4 | ■ |
|---|---|---|---|---|
| 5 |   |   |   | 6 |
| 7 |   |   |   |   |
| ■ | 8 |   |   |   |
| 9 |   |   |   | ■ |

# FLYING OBJECTS

## CAN YOU USE THE CLUES PROVIDED TO FILL IN THE 5X5 CROSSWORDS BELOW AND OPPOSITE?

### ACROSS

**1.** One might be succulent, or nuclear

**6.** As kids, Rip was this to Beth's Juliet

**7.** Sarcastic response to an earnest suggestion

**8.** In 1965, the U.S. Navy commissioned the first one to break the sound barrier

**9.** Group of games at Roland-Garros

### DOWN

**1.** Pokes, as cattle

**2.** Last name of sitcom producer Chuck or *Casablanca* actor Peter

**3.** Frequent response to "Are too!"

**4.** Noble gas responsible for sleazy signs

**5.** Carry around

| 1 | 2 | 3 | 4 | 5 |
|---|---|---|---|---|
| 6 |   |   |   |   |
| 7 |   |   |   |   |
| 8 |   |   |   |   |
| 9 |   |   | ■ | ■ |

## ACROSS

**1.** Classic horror master Vincent

**5.** Preceder of Rooter on the sides of commercial vans

**6.** "To have" in Torino

**8.** Combines, literally

**9.** Psychedelic first synthesized by Swiss chemist Albert Hofmann in 1938

## DOWN

**1.** Strollers, in Shropshire

**2.** Republican political strategist Karl

**3.** *The Lies* __ _____, 2022 novel by Julie Clark

**4.** Thin, flexible bits of rope used by ranch hands to secure various items

**7.** Shocking letters for static electricity

# INTERNATIONALLY KNOWN

## CAN YOU USE THE CLUES PROVIDED TO FILL IN THE 5X5 CROSSWORDS BELOW AND OPPOSITE?

### ACROSS

**1.** Follower of guns in '80s hair metal

**6.** Strict observers of Mennonite tradition in the Northeast

**7.** _____ Duggar Seewald of *19 Kids and Counting*

**8.** You'll need one for aquatic propulsion, of a canoe, say

**9.** Basic ingredient in soap

### DOWN

**1.** A prince, in Punjab

**2.** Sign of future events

**3.** Words for yes and sun in Sevilla

**4.** Assignment for English class

**5.** Bit of stock

| 1 | 2 | 3 | 4 | 5 |
|---|---|---|---|---|
| 6 | | | | |
| 7 | | | | |
| 8 | | | | |
| | ■ | 9 | | |

## ACROSS

**1.** You might be asked to pick it up

**6.** Like some languages, in which intonation carries grammatical meaning

**7.** Like Hamlet, or Nikolaj Coster-Waldau

**8.** Al Capone enforcer and *Untouchables* character Frank _____

**9.** A long, long time

## DOWN

**1.** Is a fan of, slangily

**2.** "Stuck in _____ again" —Creedence Clearwater Revival

**3.** Like pollster Silver or point guard Robinson

**4.** Chapter in Dante's *Inferno*

**5.** Calvin famous for his underwear ads

| 1 | 2 | 3 | 4 | 5 |
|---|---|---|---|---|
| 6 |   |   |   |   |
| 7 |   |   |   |   |
| 8 |   |   |   |   |
|   | ■ | 9 |   |   |

# MUSIC AND LYRICS

## CAN YOU USE THE CLUES PROVIDED TO FILL IN THE 5X5 CROSSWORDS BELOW AND OPPOSITE?

### ACROSS

**1.** An ATV, maybe

**5.** Start of the workweek in France

**6.** *The Last Supper*, for example

**7.** "Ain't," if you're on the ranch

**8.** Stronghold of the ancient Persian fleet sieged by Alexander the Great in 332 B.C.

### DOWN

**1.** Question for officialdom

**2.** "_____ the Boardwalk" by The Drifters

**3.** Bloke from Copenhagen

**4.** Unclean matter

**5.** Exam for a future lawyer

|   | 1 | 2 | 3 | 4 |
|---|---|---|---|---|
| 5 |   |   |   |   |
| 6 |   |   |   |   |
| 7 |   |   |   |   |
| 8 |   |   |   |   |

**ACROSS**

**1.** Of or pertaining to the moon

**6.** When the moon hits your eye like a big pizza pie, that's...

**7.** Follower of birthday or Communist

**8.** Wishy-washy alternative to yea or nay

**9.** *Toy Story* villain

**DOWN**

**1.** _____ lazuli

**2.** Savory flavor

**3.** North American Aerospace Defense Command abbreviation

**4.** One-name Russian in the DJ world

**5.** King, in Córdoba

|  1 |  2 |  3 |  4 |  5 |
|---|---|---|---|---|
|  6 |   |   |   |   |
|  7 |   |   |   |   |
|  8 |   |   |   |   |
|  9 |   |   |   |   |

# INTELLIGENT DESIGN

## CAN YOU USE THE CLUES PROVIDED TO FILL IN THE 5X5 CROSSWORDS BELOW AND OPPOSITE?

### ACROSS

**1.** Section toward the beginning of many a Mexican restaurant's menu

**6.** Bloke from Baku

**7.** Old-fashioned (and giggle-inducing) term for a slip-up

**8.** Boredom for the poet or the show-off

**9.** Collect

### DOWN

**1.** Curved sword for cavalry

**2.** Gaseous compound of three oxygen atoms

**3.** Signing implement in Salerno

**4.** Have won big at the tables, perhaps

**5.** iPhone AI you can ask

<table>
<tr><td>1</td><td>2</td><td>3</td><td>4</td><td>5</td></tr>
<tr><td>6</td><td></td><td></td><td></td><td></td></tr>
<tr><td>7</td><td></td><td></td><td></td><td></td></tr>
<tr><td>8</td><td></td><td></td><td></td><td></td></tr>
<tr><td>9</td><td></td><td></td><td></td><td>■</td></tr>
</table>

## ACROSS

**1.** It can be a spring, lobster, barrel or fish hook

**6.** "The buoys" for La Marina Militare

**7.** You can give or hitch one

**8.** Relating to mode rather than substance

**9.** Final destinations of Sweeney Todd's victims

## DOWN

**1.** To fasten in place, or the tool used to do the fastening

**2.** "The king" in Calais

**3.** Make like The Dude, maybe

**4.** Cheerwine, Mello Yello and Irn-Bru

**5.** Bit of a lemon for the garbage or a garnish

| 1 | 2 | 3 | 4 | 5 |
|---|---|---|---|---|
| 6 |   |   |   |   |
| 7 |   |   |   |   |
| 8 |   |   |   |   |
| 9 |   |   |   | ■ |

## THE CRYPTIC CORRAL

# DUTTON DOUBLE-CROSS

### CAN YOU SOLVE THE CRYPTIC CROSSWORD BELOW? ANSWERS MIGHT CONSIST OF ANAGRAMS, PALINDROMES, PUNS, CIPHERS, CONCEALED CLUES AND MORE!

### ACROSS

**1.** "Jack Sprat could eat no fat"

**4.** An even-tempered gathering

**5.** A trap stuck in itself

### DOWN

**2.** Somewhere for those who have no place to go

**3.** The outward appearance of aristocrats, it's reported

SHUTTERSTOCK

# CARPE DIEM!

## CAN YOU SOLVE THE CRYPTIC CROSSWORD BELOW? ANSWERS MIGHT CONSIST OF ANAGRAMS, PALINDROMES, PUNS, CIPHERS, CONCEALED CLUES AND MORE!

### ACROSS

**1.** Seize understanding

**4.** Stars of the fractured Russian nobility

**5.** Mites of broken matter

### DOWN

**2.** Concerning the preparedness of a dinner table

**3.** Sugar-based alc. at a block party

SHUTTERSTOCK

**THE CRYPTIC CORRAL**

# TRANSCONTINENTAL

CAN YOU SOLVE THE CRYPTIC CROSSWORD BELOW?
ANSWERS MIGHT CONSIST OF ANAGRAMS, PALINDROMES,
PUNS, CIPHERS, CONCEALED CLUES AND MORE!

### ACROSS
**1.** Time-killer for sailors who have broken down at ports

**4.** "Oh, Ana: We're family trapped here in Hawaii"

**5.** Fork prongs mixed up in the beer mugs

### DOWN
**1.** Where to buy a present for one housed by bishops

**2.** Vermin makes a speech between vowels

**3.** An ultra-intense travel option

|  1 |   |  2 |   |  3 |
|---|---|---|---|---|
|   | ■ |   | ■ |   |
|  4 |   |   |   |   |
|   | ■ |   | ■ |   |
|  5 |   |   |   |   |

## THE CRYPTIC CORRAL

# SMOOTH MOVES

CAN YOU SOLVE THE CRYPTIC CROSSWORD BELOW?
ANSWERS MIGHT CONSIST OF ANAGRAMS, PALINDROMES,
PUNS, CIPHERS, CONCEALED CLUES AND MORE!

### ACROSS

**1.** Mixed meat for the shelf

**4.** Abilities left headless

**5.** Broken steam table fare

### DOWN

**2.** We've heard myths of a river

**3.** Crisp little gymnastics move

SHUTTERSTOCK

# SCIENCE AND MATH

CAN YOU SOLVE THE CRYPTIC CROSSWORD BELOW?
ANSWERS MIGHT CONSIST OF ANAGRAMS, PALINDROMES,
PUNS, CIPHERS, CONCEALED CLUES AND MORE!

### ACROSS

**1.** Extras without a head

**4.** Labor on the periodic table

**5.** Measurement of poetic rhythm

### DOWN

**2.** At a solo salon event

**3.** Be reminded of summoning a spirit

SHUTTERSTOCK

# HIDE INSIDE

CAN YOU SOLVE THE CRYPTIC CROSSWORD BELOW?
ANSWERS MIGHT CONSIST OF ANAGRAMS, PALINDROMES,
PUNS, CIPHERS, CONCEALED CLUES AND MORE!

## ACROSS

**1.** Where pines are broken

**4.** Am I tough? Hard yes

**5.** Bored noises for broken Norse gods

## DOWN

**2.** Explaining flatland

**3.** In a dire place

# DECIPHERING DEALS

## CAN YOU SOLVE THE CRYPTIC CROSSWORD BELOW? ANSWERS MIGHT CONSIST OF ANAGRAMS, PALINDROMES, PUNS, CIPHERS, CONCEALED CLUES AND MORE!

### ACROSS

**1.** Cold case? Agents of Interpol are on it

**4.** Tanned, grandpa style

**5.** Fractured rinse for a sticky substance

### DOWN

**1.** Monkey in public relations?

**2.** Mixed-up soles

**3.** Pencil in Paris, sans tête

SHUTTERSTOCK

**DID YOU KNOW?**

Kevin Costner's band Kevin Costner & Modern West has written several songs that are featured on *Yellowstone*.

**THE CRYPTIC CORRAL**

# BIRDS AND YELLOWBELLIES

CAN YOU SOLVE THE CRYPTIC CROSSWORD BELOW?
ANSWERS MIGHT CONSIST OF ANAGRAMS, PALINDROMES,
PUNS, CIPHERS, CONCEALED CLUES AND MORE!

## ACROSS
**1.** The mixed-up sound of harps
**4.** Tailless coward
**5.** Every letter in this puzzle's middle column

## DOWN
**2.** Dishonest gamblers without their heads
**3.** Ornithological camera venture

SHUTTERSTOCK

# NOTHING LEFT OUT

CAN YOU SOLVE THE CRYPTIC CROSSWORD BELOW?
ANSWERS MIGHT CONSIST OF ANAGRAMS, PALINDROMES,
PUNS, CIPHERS, CONCEALED CLUES AND MORE!

## ACROSS

**1.** Topless deficiency

**4.** Courage shown by rival organizations

**5.** Broken slide movement

## DOWN

**1.** Weaves with no head

**2.** Puerile decisions resulting in a hyperactive child

**3.** The confused masses of Rhode Island

SHUTTERSTOCK

# OUTBREAK!

### CAN YOU SOLVE THE CRYPTIC CROSSWORD BELOW? ANSWERS MIGHT CONSIST OF ANAGRAMS, PALINDROMES, PUNS, CIPHERS, CONCEALED CLUES AND MORE!

#### ACROSS

**1.** Beginning with broken tarts

**4.** Strong feelings about topless mopeds

**5.** One with a deeply held erroneous belief

#### DOWN

**1.** Virus in broken pores

**2.** Edit to create a dream ending

**3.** Shock at mixed-up rates

|  |  |  |  |  |
|---|---|---|---|---|
| 1 |  | 2 |  | 3 |
|  | ■ |  | ■ |  |
| 4 |  |  |  |  |
|  | ■ |  | ■ |  |
| 5 |  |  |  |  |

SHUTTERSTOCK

KEVIN COSTNER AS

# JOHN DUTTON

### YELLOWSTONE'S STERN, STEADY PATRIARCH

John Dutton is the stoic paterfamilias of *Yellowstone*, determined to make his more than 100-year-old family concern both survive and prosper. Played by one of Hollywood's most beloved leading men, the character has already earned a place in the pantheon of great Western personas.

**1. John Dutton is commissioner of which organization?**
**A.** The National Parks Commission
**B.** The Montana Livestock Association
**C.** The Commission of Indian Affairs
**D.** The Montana Museum

**2. In addition to Montana, which other U.S. state hosts filming locations for Dutton's home?**
**A.** Arizona
**B.** South Dakota
**C.** Idaho
**D.** Utah

**3. Which film featuring Costner won both Best Director and Best Picture at the Oscars?**
**A.** *Field of Dreams*
**B.** *Dances With Wolves*
**C.** *Waterworld*
**D.** *Bull Durham*

**4. What is the technical name for the Yellowstone brand?**
**A.** Hooked Rocking Y
**B.** Big Ol' Y
**C.** Taylor's Y
**D.** Flying V

**5. Costner and Ian Bohen previously worked together on which 1990s Western film?**
**A.** *Tombstone*
**B.** *Wyatt Earp*
**C.** *Unforgiven*
**D.** *3:10 to Yuma*

**6. Costner was born in a suburb of which California city?**
**A.** Oakland
**B.** San Francisco
**C.** Los Angeles
**D**. San Diego

**7. Which of the following folk heroes did Costner play on the big screen?**
**A.** Pecos Bill
**B.** Paul Bunyon
**C.** Johnny Appleseed
**D.** Robin Hood

Kevin Costner as John Dutton. In 2012, another TV Western, *Hatfields & McCoys*, earned Costner a Primetime Emmy.

## LUKE GRIMES AS
# KAYCE DUTTON
### THE DUTTON FAMILY'S TRUE BLUE COWBOY

As *Yellowstone*'s action begins, Kayce seems to be trying to reckon with the violence in his life, but he's soon drawn back into it. Along with Monica—who is a member of the Broken Rock tribe—and their son, Tate, Kayce lives on the reservation, but he is soon drawn back to Yellowstone by his family.

**1. In Season 2, Kayce and Monica's son Tate is kidnapped by whom?**
**A.** Market Equities
**B.** Governor Perry's agents
**C.** Dan Jenkins
**D.** The Beck brothers

**2. In which Midwestern state was Luke Grimes born?**
**A.** Missouri
**B.** Iowa
**C.** Ohio
**D.** Minnesota

**3. On which cult classic HBO drama did Grimes have a six-episode Season 6 arc?**
**A.** *John from Cincinnati*
**B.** *True Blood*
**C.** *Rome*
**D.** *The Sopranos*

**4. In which elite special forces unit did Kayce Dutton serve?**
**A.** Army Rangers
**B.** Delta Force
**C.** 24th Special Tactics Squadron
**D.** Navy SEALs

**5. In which 2014 film did Grimes play real-life special operator Marc Lee?**
**A.** *American Sniper*
**B.** *Rescue Dawn*
**C.** *Zero Dark Thirty*
**D.** *The Hurt Locker*

**6. Grimes studied at the American Academy of Dramatic Arts in which U.S. city?**
**A.** Chicago
**B.** Miami
**C.** Atlanta
**D.** New York

Luke Grimes as Kayce Dutton. Before rejoining the Dutton concern in Season 1, Kayce attempts to make a living taming wild horses on the Broken Rock reservation.

### KELLY REILLY AS

# BETH DUTTON

## THE MOST COMPLEX, AND RUTHLESS, DUTTON SIBLING

Just as dedicated to the Dutton family as the rest of her clan, Beth is capable of all kinds of dirty tricks to keep Yellowstone theirs, even if she does secretly believe it will cease to exist in a few years.

**1. What is Kelly Reilly's real first name (Kelly is technically her middle name)?**
A. Lila
B. Jessica
C. Agnes
D. Anna

**2. When Beth Dutton becomes pregnant as a teenager, to which member of her family does she turn for help?**
A. Kayce
B. John
C. Jamie
D. Lee

**3. What is the name of the priest who marries Beth and Rip?**
A. O'Malley
B. DeNunzio
C. Koslowsky
D. McGregor

**4. Kelly Reilly played the love interest of which classic literary sidekick in 2009 and 2011?**
A. Dr. Watson (From *Sherlock Holmes*)
B. Sancho Panza (From *Don Quixote*)
C. Jeeves (From *Jeeves and Wooster*)
D. Horatio (From *Hamlet*)

**5. What is the name of the company for which Beth works in Season 1?**
A. Smith & Wollensky
B. Siegal & Portnoy
C. Schwartz & Meyer
D. Dobbs & Whitmore

**6. Reilly appeared in the second season of which acclaimed anthology series?**
A. *Fargo*
B. *True Detective*
C. *Black Mirror*
D. *Room 101*

**7. In 2017, Reilly played Queen Kerra in *Britannia*, which was a co-production between Amazon Prime Video and which non-U.S. television station?**
A. Canal+
B. RTE
C. Sky Atlantic
D. Channel 4

Kelly Reilly as Beth Dutton. In 2006, Reilly won an Empire Award for Best Newcomer.

## WES BENTLEY AS
# JAMIE DUTTON
### YELLOWSTONE'S LAWYERLY MOVER AND SHAKER

In many ways, John's hopes for the Dutton family future are pinned firmly on his son Jamie. John believes Jamie is the smartest of his sons and sends him to an Ivy league law school without ever asking if Jamie might like to apply. It's clear from the opening of *Yellowstone*'s first season that John's plans for Jamie do not stop within the confines of the ranch.

**1. At which Ivy League school did Jamie Dutton earn his law degree?**
**A.** Yale
**B.** Dartmouth
**C.** Harvard
**D.** Princeton

**2. What is the first name of the reporter Jamie kills in a blind rage?**
**A.** Blair
**B.** Anna
**C.** Sarah
**D.** Francesca

**3. Wes Bentley was nominated for a BAFTA award for his role in which Best Picture Oscar winner?**
**A.** *Forrest Gump*
**B.** *American Beauty*
**C.** *Interstellar*
**D.** *Gladiator*

**4. Wes Bentley appears in the films based on which of the following young adult novel series?**
**A.** *Harry Potter*
**B.** *The Hunger Games*
**C.** *Artemis Fowl*
**D.** *Eragon*

**5. What is the name of the actor who plays young Jamie Dutton in *Yellowstone*?**
**A.** Dalton Baker
**B.** Alston Shaker
**C.** Bolton Barker
**D.** Walton Acres

**6. Which incarnation of the anthology show *American Horror Story* marked Bentley's first foray into the series?**
**A.** *Coven*
**B.** *Freak Show*
**C.** *Cult*
**D.** *Asylum*

Wes Bentley as Jamie Dutton. Bentley's role in *American Beauty* earned him a BAFTA nomination.

## COLE HAUSER AS
# RIP WHEELER
### YELLOWSTONE'S HARDENED, LOYAL FIXER

Rip became a member of the Yellowstone family as a boy: One night, his estranged father came back to the family farm to murder those he'd lost. Rip was unable to save anyone but himself, but the boy had to take his father's life in the process. John Dutton takes him in immediately and makes sure that he'll never want for anything.

**1. Cole Hauser appeared alongside Matt Damon and the Affleck brothers in which Oscar-winning film?**
**A.** *Good Will Hunting*
**B.** *The Last Duel*
**C.** *Manchester by the Sea*
**D.** *Ocean's Eleven*

**2. On what kind of farm did Rip grow up before being taken in by the Duttons?**
**A.** Chicken farm
**B.** Sugar beet farm
**C.** Pig farm
**D.** Ostrich farm

**3. After attempting and failing to rescue two tourists from falling off a cliff on Yellowstone land, Rip is attacked by what kind of animal?**
**A.** Wolf
**B.** Bear
**C.** Coyote
**D.** Feral hog

**4. Cole Hauser's hometown of Santa Barbara, California, is home to which Presidential Library?**
**A.** Hoover
**B.** Nixon
**C.** Reagan
**D.** Eisenhower

**5. Who served as Rip's best man?**
**A.** John
**B.** Jimmy
**C.** Lloyd
**D.** Colby

**6. Hauser starred alongside Brendan Fraser, Chris O'Donnell and Ben Affleck in which 1992 drama?**
**A.** *Tombstone*
**B.** *Dead Poets Society*
**C.** *School Ties*
**D.** *The Piano*

Cole Hauser as Rip Wheeler. Hauser took home a 2022 Faith in Film award for his role in *The Last Champion*.

### KELSEY ASBILLE AS
# MONICA DUTTON
## A BROKEN ROCK NATIVE STUCK BETWEEN TWO HARD PLACES

Though the Duttons make much of their 19th-century roots in Montana, Monica's ancestors have been there for much, much longer. As a member of the Broken Rock Nation, Monica has a foot in both this much older world and the newer one of the ranch. Much of her conflict in the series comes from the fact that she's torn between the two.

**1. Among Kelsey Asbille's first acting credits was for which Disney Channel sitcom?**
A. *Wizards of Waverly Place*
B. *Lizzie McGuire*
C. *The Suite Life of Zack & Cody*
D. *Hannah Montana*

**2. Monica Dutton gets a job teaching at which college in *Yellowstone*?**
A. Brigham Young University
B. Montana State University
C. University of Montana
D. University of Cheyenne

**3. What is the name of the physical therapist with whom Monica has a dalliance during her separation from Kayce?**
A. Martin
B. Marco
C. Mallory
D. Michael

**4. Kelsey Asbille appeared as Swanee Capps in Season 4 of which serialized drama in 2020?**
A. *The Strain*
B. *Room 101*
C. *Fargo*
D. *American Horror Story*

**5. What is Monica's maiden name?**
A. Smith
B. Long
C. Jones
D. White

**6. From 2015 to 2016, Asbille had a recurring role in a series based on which 1980s cult classic?**
A. *Teen Wolf*
B. *Ghostbusters*
C. *Uncle Buck*
D. *Weird Science*

Kelsey Asbille as Monica Dutton. Asbille's first major television role was on the teen drama *One Tree Hill*.

## GIL BIRMINGHAM AS
# THOMAS RAINWATER

### THE MODERN CHAIRMAN OF THE STORIED BROKEN ROCK NATION

Gil Birmingham as Thomas Rainwater. Birmingham got his start in competitive bodybuilding before becoming an actor.

High chief for the Confederated Tribes of Broken Rock and the owner of the Painted Horse Casino, Thomas Rainwater is determined to restore as much of the land and power that once belonged to his tribe as he can. But because of his reservation's proximity to Yellowstone, this immediately puts him at odds with John Dutton.

**1. What is the name of the actor who plays Thomas Rainwater's bodyguard?**
**A.** Cody Iron Eyes
**B.** Mo Brings Plenty
**C.** Saginaw Grant
**D.** Rudy Youngblood

**2. Gil Birmingham appeared as Billy Black in films based on which young adult novel series?**
**A.** *The Hunger Games*
**B.** *Harry Potter*
**C.** *Redwall*
**D.** *Twilight*

**3. Until he was 18, Thomas Rainwater had no awareness of his native heritage, believing his ancestors were from where?**
**A.** Cuba
**B.** Dominican Republic
**C.** Colombia
**D.** Mexico

# JIMMY HURDSTRAM

## A NEW RANCH HAND EAGER FOR A SECOND CHANCE

Through Jimmy Hurdstram, a new ranch hand arriving at Yellowstone during Season 1, we learn the process of becoming one of the Branded Men. After he gets settled into this new role, Jimmy tries to earn extra money by competing in rodeo events, and he proves adept at riding mustangs.

Jefferson White as Jimmy Hurdstram. Jimmy is one of the few Branded Men to make it off the ranch, moving to Texas.

**1. Jimmy falls in love with a competitor in which rodeo discipline?**
**A.** Barrel racing
**B.** Steer roping
**C.** Bull riding
**D.** Bareback riding

**2. Jimmy moves to which state after leaving Yellowstone?**
**A.** Utah
**B.** California
**C.** Texas
**D.** North Dakota

**3. Jefferson White played famous "muckraking" author Lincoln Steffens in which historical fiction mystery series?**
**A.** *Penny Dreadful*
**B.** *For All Mankind*
**C.** *The Alienist*
**D.** *The Knick*

## DANNY HUSTON AS
# DAN JENKINS
### AN AMBITIOUS RIVAL LANDOWNER

When John Dutton looks at the Montana land where he makes his home, he sees the 100+ years of family tradition and hard work that went into making Yellowstone what it is today. When Dan Jenkins looks at his nearby holdings, he sees only dollars and cents.

**1. Which of the following classic films was NOT directed by Danny Huston's famous relative John?**
A. *Chinatown*
B. *The Man Who Would Be King*
C. *The Quiet Man*
D. *The Treasure of the Sierra Madre*

**2. What is the name of the company for which Dan Jenkins works as a capital developer?**
A. Shangrila Cove
B. Eden Rock
C. Paradise Valley
D. Shambhala Gardens

**3. Jenkins is killed by hitmen at the orders of whom?**
A. The Beck brothers
B. Thomas Rainwater
C. John Dutton
D. Jamie Dutton

Danny Huston as Dan Jenkins. Huston's role in *The Constant Gardener* earned him a Satellite Award in 2005.

FROM LEFT: TCD/PROD.DB/ALAMY; CAM MCLEOD/PARAMOUNT/KOBAL/SHUTTERSTOCK

## FORRIE J. SMITH AS
# LLOYD PIERCE
### YELLOWSTONE'S SENIOR RANCH HAND

Marked with a Yellowstone brand on his chest to show that the ranch was his second—and last—chance at life, Lloyd is one of the ranch hands who don't just work there: They die there, too. It's through Lloyd that we learn about the ways of the bunkhouse and the intricate traditions of the ranch hands.

Forrie J. Smith as Lloyd. Smith's father is in the Canadian Cowboy Hall of Fame.

**1. In which 1990s Western classic did Forrie J. Smith appear?**
**A.** *Wyatt Earp*
**B.** *Unforgiven*
**C.** *Tombstone*
**D.** *The Mark of Zorro*

**2. Young Lloyd is played by an actor with which relationship to Forrie J. Smith?**
**A.** Nephew
**B.** Younger brother
**C.** Son
**D.** No relation

**3. In which city was Forrie J. Smith born?**
**A.** Cheyenne
**B.** Denver
**C.** Boise
**D.** Helena

## RYAN BINGHAM AS
# WALKER

### AN EX-CON TRYING TO KEEP ON THE STRAIGHT AND NARROW

While Jimmy takes to his new identity as a Branded Man with relative ease, another new second-chance ranch hand played by country star Ryan Bingham soon proves this isn't necessarily the norm. Walker is at first happy for his freedom and the work, but is soon made uneasy by the realization that he'll be expected to break the law on behalf of the Duttons.

**1. What is the name of Bingham's most recent album?**
**A.** *American Love Song*
**B.** *Cold Beer Sundays*
**C.** *Nobody Welcome But Me*
**D.** *Love It or Leave It*

**2. Friction between Walker and Lloyd is caused by their common interest in whom?**
**A.** Beth
**B.** Mia
**C.** Laramie
**D.** Sarah

**3. In 2019, Bingham partnered with Live Nation to start his own festival, called what?**
**A.** Southern Nights
**B.** Texas Twilight
**C.** The North Star
**D.** The Western

Ryan Bingham as Walker. Bingham records his country LPs with the Lost Highway label.

FROM LEFT: EMERSON MILLER/PARAMOUNT NETWORK/EVERETT COLLECTION; PICTORIAL PRESS LTD/ALAMY

# MALCOLM & TEAL BECK

## UNSCRUPULOUS RIVALS TO THE DUTTON EMPIRE

As Thomas Rainwater and Dan Jenkins's Season 2 plans for a newer, bigger casino closer to Yellowstone get underway, local landowners and Dutton rivals, the Beck brothers, enter the *Yellowstone* story. They're vehemently opposed to any Indian expansion and show no hesitation in causing chaos to prevent it.

**1. Neal McDonough featured in which HBO WWII miniseries?**
A. *The Pacific*
B. *U-571*
C. *Band of Brothers*
D. *Pearl Harbor*

**2. On which of these procedural dramas has Terry Serpico NOT appeared?**
A. *Blue Bloods*
B. *Law & Order: SVU*
C. *Designated Survivor*
D. *NYPD Blue*

**3. Who stands over Malcolm Beck until just before he dies?**
A. Rip Wheeler
B. Beth Dutton
C. John Dutton
D. Thomas Rainwater

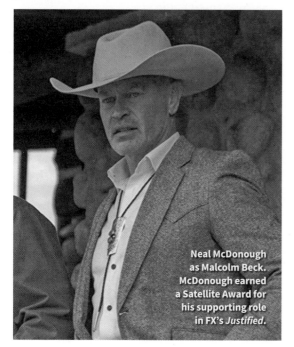

Neal McDonough as Malcolm Beck. McDonough earned a Satellite Award for his supporting role in FX's *Justified*.

**CHARACTER BIO QUIZZES**

### DAWN OLIVIERI AS
# SARAH ATWOOD
### A NEW CORPORATE FORCE

A cold-blooded headhunter sent by Market Equities to Montana, Sarah knows how to play the Dutton game, no matter how dirty it gets, making her a formidable enemy for various members of the Yellowstone family in turn.

**1. Which of the following premium cable comedies did Dawn Oliveri costar in with Don Cheadle?**
**A.** *Game of Thrones*
**B.** *House of Lies*
**C.** *Succession*
**D.** *Banshee*

**2. Which other Taylor Sheridan property has Oliveri appeared on?**
**A.** *1883*
**B.** *1923*
**C.** *Sons of Anarchy*
**D.** None of the above

**3. In which Academy Award-nominated film did Oliveri appear?**
**A.** *Crash*
**B.** *American Hustle*
**C.** *American Gangster*
**D.** *Braveheart*

**4. In which CW Series did Olivieri play a reporter named Andie Star?**
**A.** *Arrow*
**B.** *Flash*
**C.** *Riverdale*
**D.** *Vampire Diaries*

**5. Olivieri provided voice acting services for a 2011 video game called Infamous 2. For which console was this game first released?**
**A.** X-Box
**B.** Nintendo Wii
**C.** Playstation 3
**D.** Sega Dreamcast

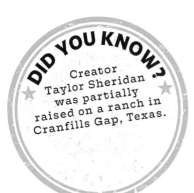

**DID YOU KNOW?** Creator Taylor Sheridan was partially raised on a ranch in Cranfills Gap, Texas.

# CLARA BREWER

## GOVERNOR DUTTON'S ASSISTANT

With John Dutton taking over as governor of Montana, he needs an assistant to keep track of his now even-more complicated life. Enter Clara Brewer, the soft-spoken but ubiquitous right-hand woman who keeps him on track. But soft-spoken as she is, Clara notices everything she sees.

Lilli Kay as Clara Brewer.

**1. In the series *Your Honor*, Kay appeared alongside which *Breaking Bad* alum?**
**A.** Anna Gunn
**B.** Bob Odenkirk
**C.** Aaron Paul
**D.** Bryan Cranston

**2. Kay will appear in a forthcoming biopic about one of the closest advisors to which Civil rights figure?**
**A.** Malcolm X
**B.** Stokely Carmichael
**C.** Fred Hampton
**D.** Dr. Martin Luther King Jr.

**3. Kay starred alongside Uma Thurman in which 2019 horror series?**
**A.** *American Horror Story*
**B.** *Chambers*
**C.** *The Strain*
**D.** *Lovecraft Country*

**4. Clara Brewer first appeared in which episode of Season 5?**
**A.** *The Sting of Wisdom*
**B.** *Horses in Heaven*
**C.** *The Dream is Not Me*
**D.** *Tall Drink of Water*

# WEST IS THE BEST

## CAN YOU USE THE CLUES PROVIDED TO FILL IN THE BLANKS WITH RHYMING PAIRS OF WORDS, LIKE RIP'S GRIP OR JOHN'S CON?

1. Huevos rancheros in Houston?

2. Color commentary for ropers and riders?

3. Sherlock Holmes cap of a Yellowstone ranch hand played by Ryan Bingham?

4. Eructations of a celebrated lawman of the O.K. Corral?

5. College attended by Gil Birmingham's *Yellowstone* character?

6. The ranch hands of Yellowstone en masse, one might say?

7. Unbreakable stoicism displayed by a Dutton son at the card table?

8. Aristocrats in the service of a Detroit automotive company?

9. Health tonics for "The Wizard of Menlo Park"?

A competitor does his best to hang on during a rodeo.

# THE YELLOWSTONE ZONE

## CAN YOU USE THE CLUES PROVIDED TO FILL IN THE BLANKS WITH RHYMING PAIRS OF WORDS, LIKE RIP'S GRIP OR JOHN'S CON?

1. Tropical fruit at a Helena produce stand?

2. Stallion from Old Sweden?

3. Toiletry kit powder for a Beck brother?

4. Utensil used by Josh Holloway's *Yellowstone* character at KFC?

5. The most zaftig of the Yellowstone clan?

6. Historical U.S. knickknacks for Kayce's wife?

7. Misuse of a brand-name cowboy hat?

8. Fateful bravado of U.S. General George Armstrong?

9. Stone fruit grown by 19th-century commodore Matthew?

A cowboy competes in a rodeo.

# TIME TO RHYME

CAN YOU USE THE CLUES PROVIDED TO FILL IN THE BLANKS WITH RHYMING PAIRS OF WORDS, LIKE RIP'S GRIP OR JOHN'S CON?

1. Rodeo practice done to quiet the mind after trauma?

2. The day on which Kayce Dutton's son was meant to enter the world?

3. What you get when you become friends with ranch hand Wheeler?

4. The white-collar Dutton son at his most ridiculous?

5. Instant photos taken by an old-timer among the Yellowstone ranch hands?

6. You might say the Duttons are constantly fighting one by protecting their livestock.

7. Firestarters for a Western legend and former Carmel, California, mayor?

8. The way Yellowstone star Kevin sits or stands?

9. Someone who arrives at Yellowstone from the southwest on the run from the police?

A bucking bronco and rider at a rodeo.

**RHYMIN' RODEO**

# ON THE MERRIE PRAIRIE

CAN YOU USE THE CLUES PROVIDED TO FILL IN THE BLANKS WITH
RHYMING PAIRS OF WORDS, LIKE RIP'S GRIP OR JOHN'S CON?

1. Euphemistically, the Dutton's clash with Broken Rock in Season 1?

2. Working boss of American painter Rockwell?

3. Blemishes on the famous white suits of American humorist Mark?

4. Blood vessels of a *Yellowstone* barrel racer?

5. Cattle passed on to their new owner?

6. Dental work done in Montana's largest city.

7. What you'd find in a particularly fertile pasture?

8. Extra grassland for your herd?

9. Young horse's leisurely walks?

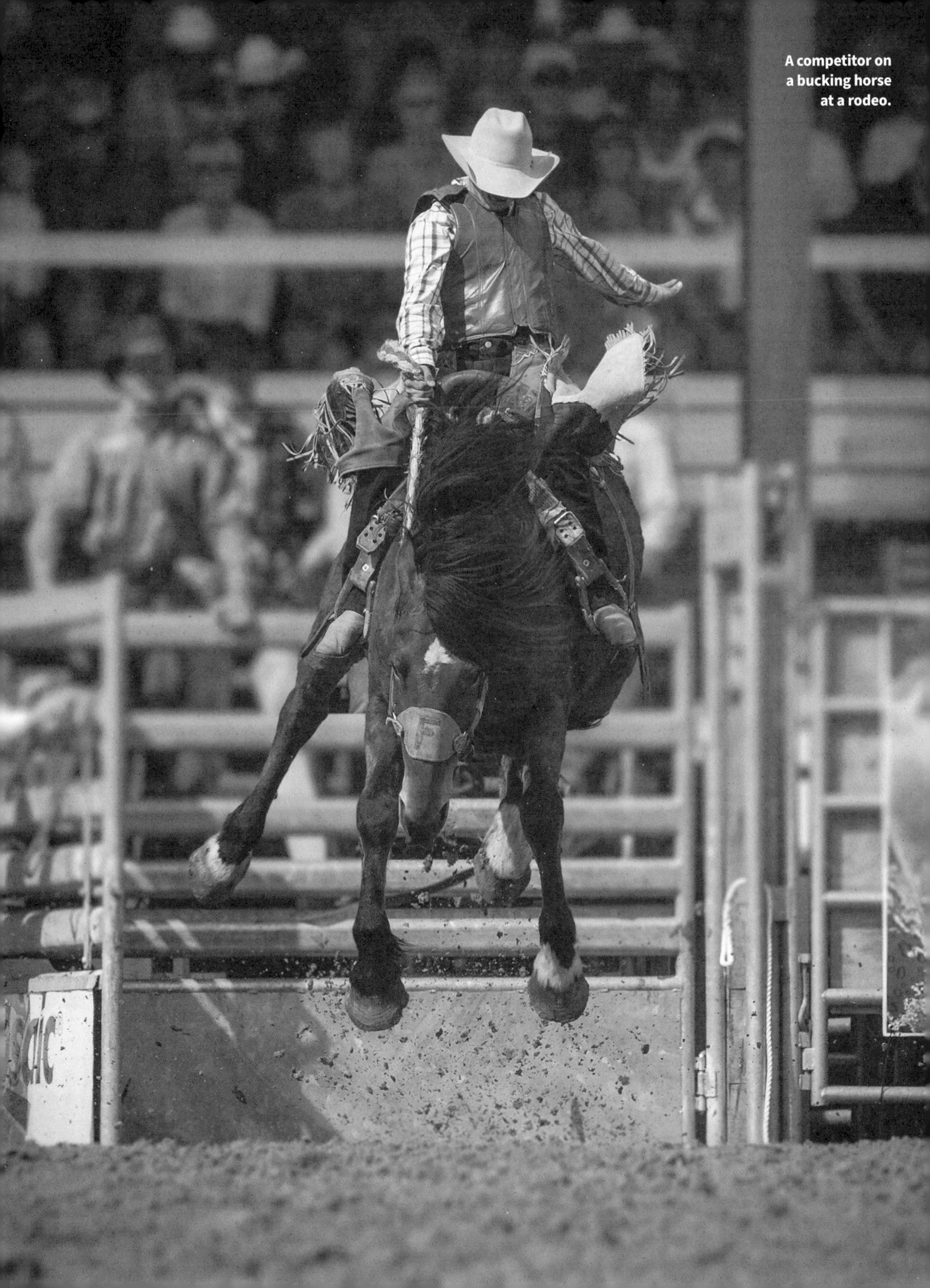

# A TEST OF FINESSE

## CAN YOU USE THE CLUES PROVIDED TO FILL IN THE BLANKS WITH RHYMING PAIRS OF WORDS, LIKE RIP'S GRIP OR JOHN'S CON?

1. Brass pot for tobacco juice in an Old West bar

2. One who sings low on the Dutton ranch?

3. Thoroughly searching Cheyenne's state?

4. Subatomic particles that make up Thomas Rainwater's gambling enterprise?

5. A group of free-roaming horses descended from Spanish stallions?

6. A place for cattle, and a fresh start with no questions asked?

7. An attempt to purchase all the fish in Yellowstone's stream, maybe?

8. Ranch hand who reads textbooks in his lofted sleeping quarters?

9. A tear in the protective leather overpants worn by cowboys

A rider stays on a bucking bull in competition.

**DID YOU KNOW?**

In an interview with CBS, Taylor Sheridan revealed *Yellowstone* faced several rejections because studios thought the Western genre was dead.

# NATURE NOMENCLATURE

CAN YOU USE THE CLUES PROVIDED TO FILL IN THE BLANKS WITH RHYMING PAIRS OF WORDS, LIKE RIP'S GRIP OR JOHN'S CON?

1. Piece of playground equipment for *1883*'s Tim?

2. Prized horse with a particular love of green onions?

3. Vermin infesting an old-timey overland journey?

4. Insatiable desire to hoard a rolling diaspore and symbol of the lonely American West?

5. Large horse that braved a famous pioneer route West?

6. Warning in an arid area of the West?

7. Invoice for horse feed paid for by an *1883* star?

8. Flowering weed in a Utah national park?

9. The farthest reaches of America's first national park?

A barrel racer competes at a rodeo.

# RODEO TABLEAU

CAN YOU USE THE CLUES PROVIDED TO FILL IN THE BLANKS WITH
RHYMING PAIRS OF WORDS, LIKE RIP'S GRIP OR JOHN'S CON?

1. Type of perennial for a Dutton daughter?

2. Kayce's murder of Robert, or any violence at Yellowstone

3. Stand-up lady in Wyoming's capital?

4. Japanese auto driving to Mount Rushmore?

5. Staying single in the rough-and-tumble town made famous by Wild Bill Hickok?

6. Signal that the livestock is back in the pen?

7. Questionable homemade hooch?

8. Potatoes and rice at a national park famed for its rock formations?

9. Reliable truck that's been through the ringer and is almost at the end of its road

A competitor at a rodeo tries to stay on his mount.

# THE CHARACTER REGISTER

## CAN YOU USE THE CLUES PROVIDED TO FILL IN THE BLANKS WITH RHYMING PAIRS OF WORDS, LIKE RIP'S GRIP OR JOHN'S CON?

1. Idaho's capital during a violent thunderstorm

2. Elevated flatland for a Southwestern Indigenous tribe known for its WWII code talkers?

3. Character affected in Phoenix?

4. Bovine livestock purchased from a northern New Mexico town in the high desert?

5. Seat on a horse, and what you do to it?

6. One who enforces strict rules about Western headwear?

7. Place for farm animals to cross the road?

8. One with whom you visit Arizona's most famous national park?

9. One who robs from the rich and gives to the poor among the Sequoias?

A barrel racer at the Chaffee County Fair & Rodeo.

# SUNDRY COUNTRY

CAN YOU USE THE CLUES PROVIDED TO FILL IN THE BLANKS WITH
RHYMING PAIRS OF WORDS, LIKE RIP'S GRIP OR JOHN'S CON?

1. Rations for Kayce and his former comrades?

2. Chrome, Firefox or Safari for *Yellowstone* star Cole?

3. Poisonous material for draft animals?

4. The center of Jimmy Hurdstram's new home state?

5. Ranch hand originally from an eastern Indigenous tribe?

6. Solutions for livestock barons?

7. Group of soldiers named after an Old South senator?

8. Shack for those seeking justice outside the law?

9. One who figures out and fixes problems with six-shooters?

A bronco rider competes in a rodeo.

# THE SHUFFLE HUSTLE

CAN YOU USE THE CLUES PROVIDED TO FILL IN THE BLANKS WITH
RHYMING PAIRS OF WORDS, LIKE RIP'S GRIP OR JOHN'S CON?

1. End-of-weekend anxiety felt by *Yellowstone*'s Montana governor?

2. If the actor who plays Kayce Dutton published a poetry collection?

3. The Dutton family chef's hole in the ground

4. When a new episode of your favorite Western is delayed by a week?

5. An Old West swing set abandoned to time and beset by tumbleweeds?

6. Noodle soup for a sheriff?

7. Roping maneuver performed in a Texas border town?

8. Keeping tabs on hydraulic oil and gas drilling?

9. Old West covered wagon riding along Cleveland's river?

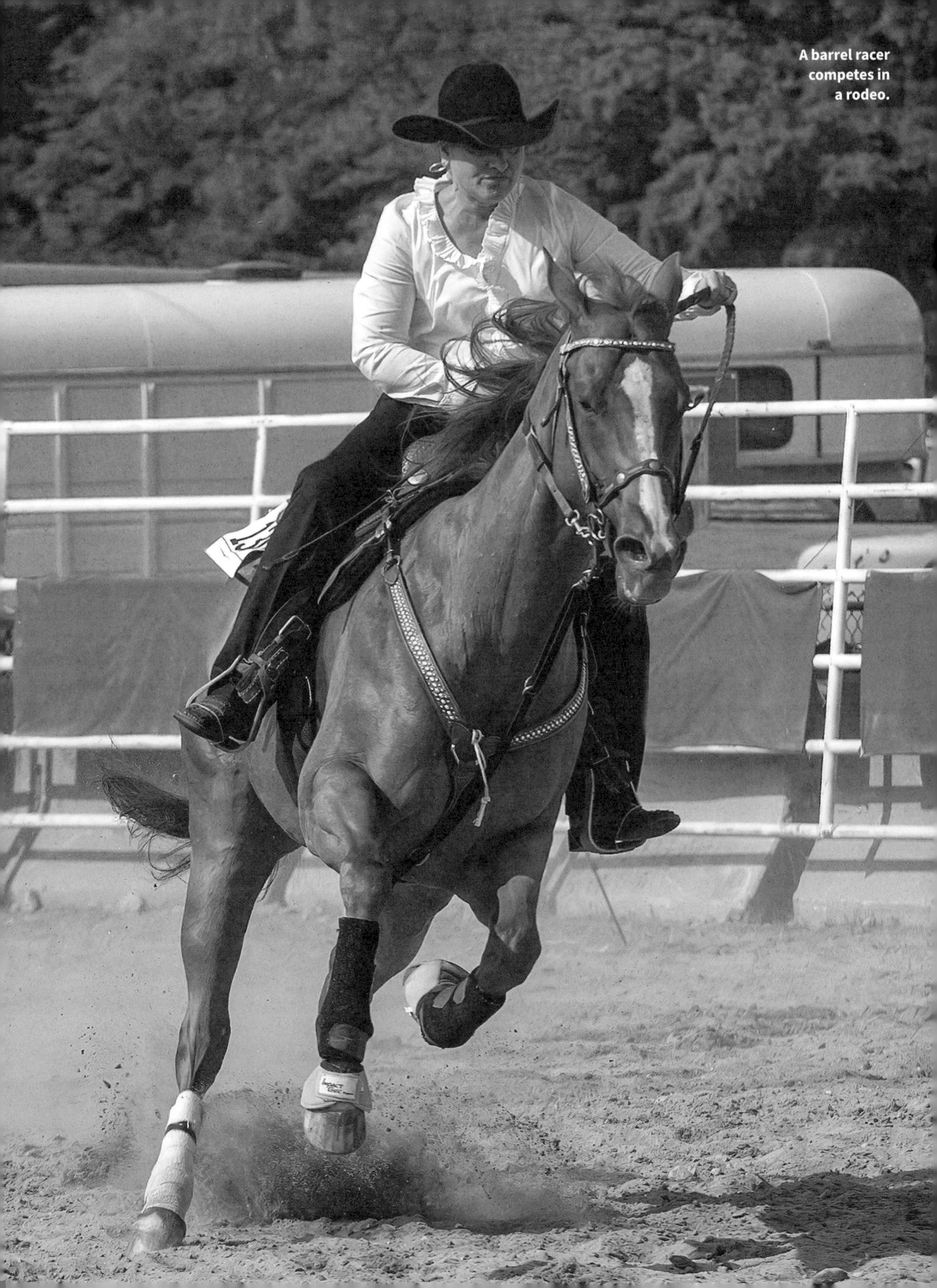

A barrel racer competes in a rodeo.

# TRICKY ASCENT

CAN YOU FILL IN THE ROWS CONNECTING THESE
PAIRS OF WORDS BY CHANGING ONE LETTER PER ROW,
WHERE EACH ROW CONTAINS AN ENGLISH WORD?

| C | L | A | S | P |
|---|---|---|---|---|
|   |   |   |   |   |
|   |   |   |   |   |
|   |   |   |   |   |
|   |   |   |   |   |
| T | R | I | M | S |

**HINT** The third word from the bottom is something you might call a dog (especially in an animated movie).

| I | R | A | T | E |
|---|---|---|---|---|
|   |   |   |   |   |
|   |   |   |   |   |
|   |   |   |   |   |
|   |   |   |   |   |
| G | L | O | V | E |

| T | A | N | K | S |
|---|---|---|---|---|
|   |   |   |   |   |
|   |   |   |   |   |
|   |   |   |   |   |
|   |   |   |   |   |
| H | U | L | L | S |

**HINT** The middle two words are both baseball-related.

## VOCABU-LADDERS

# HECK OF A CLIMB

CAN YOU FILL IN THE ROWS CONNECTING THESE
PAIRS OF WORDS BY CHANGING ONE LETTER PER ROW,
WHERE EACH ROW CONTAINS AN ENGLISH WORD?

| S | P | I | N | S |
|---|---|---|---|---|
|   |   |   |   |   |
|   |   |   |   |   |
|   |   |   |   |   |
|   |   |   |   |   |
| C | L | O | T | H |

**HINT** A number of historical aristocrats have had a problem with the second word from the bottom, thanks to hemophilia in the royal family trees of Europe.

| S | T | U | N | S |
|---|---|---|---|---|
|   |   |   |   |   |
|   |   |   |   |   |
|   |   |   |   |   |
|   |   |   |   |   |
| B | L | I | N | K |

| C | L | I | C | K |
|---|---|---|---|---|
|   |   |   |   |   |
|   |   |   |   |   |
|   |   |   |   |   |
|   |   |   |   |   |
| T | R | A | D | E |

**HINT** The second word down can be a problem for aging necks.

SHUTTERSTOCK

**VOCABU-LADDERS**

# DON'T LOOK DOWN

CAN YOU FILL IN THE ROWS CONNECTING THESE
PAIRS OF WORDS BY CHANGING ONE LETTER PER ROW,
WHERE EACH ROW CONTAINS AN ENGLISH WORD?

| S | P | O | T | S |
|---|---|---|---|---|
|   |   |   |   |   |
|   |   |   |   |   |
|   |   |   |   |   |
|   |   |   |   |   |
| S | T | A | L | K |

| A | L | O | N | E |
|---|---|---|---|---|
|   |   |   |   |   |
|   |   |   |   |   |
|   |   |   |   |   |
|   |   |   |   |   |
| C | H | A | S | M |

**HINT** You might keep the third word down in math class, or at a ball game.

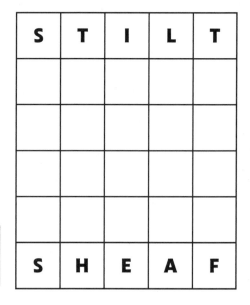

| S | T | I | L | T |
|---|---|---|---|---|
|   |   |   |   |   |
|   |   |   |   |   |
|   |   |   |   |   |
|   |   |   |   |   |
| S | H | E | A | F |

**HINT** The third word down is a salesperson of dubious aspect.

VOCABU-LADDERS

# LONG WAY UP

CAN YOU FILL IN THE ROWS CONNECTING THESE PAIRS OF WORDS BY CHANGING ONE LETTER PER ROW, WHERE EACH ROW CONTAINS AN ENGLISH WORD?

| P | R | A | W | N |
|---|---|---|---|---|
|   |   |   |   |   |
|   |   |   |   |   |
|   |   |   |   |   |
|   |   |   |   |   |
| G | R | A | I | L |

**HINT** The second and third words down are both useful in a fight, but the third is most valuable.

| D | I | N | E | R |
|---|---|---|---|---|
|   |   |   |   |   |
|   |   |   |   |   |
|   |   |   |   |   |
|   |   |   |   |   |
| T | I | M | E | S |

| S | L | I | M | E |
|---|---|---|---|---|
|   |   |   |   |   |
|   |   |   |   |   |
|   |   |   |   |   |
|   |   |   |   |   |
| S | H | I | N | S |

**HINT** The third word down gives this puzzle a bit of flavor.

# RUNG BY RUNG

CAN YOU FILL IN THE ROWS CONNECTING THESE
PAIRS OF WORDS BY CHANGING ONE LETTER PER ROW,
WHERE EACH ROW CONTAINS AN ENGLISH WORD?

| R | O | L | E | S |
|---|---|---|---|---|
|   |   |   |   |   |
|   |   |   |   |   |
|   |   |   |   |   |
|   |   |   |   |   |
| C | A | S | T | S |

| D | R | O | W | N |
|---|---|---|---|---|
|   |   |   |   |   |
|   |   |   |   |   |
|   |   |   |   |   |
|   |   |   |   |   |
| B | R | A | I | D |

**HINT** The third word from the bottom might be used by the bottom word to play the top word.

| B | O | N | E | S |
|---|---|---|---|---|
|   |   |   |   |   |
|   |   |   |   |   |
|   |   |   |   |   |
|   |   |   |   |   |
| R | U | L | E | R |

**HINT** You might hear the second word in the third.

# STEP ON DOWN

CAN YOU FILL IN THE ROWS CONNECTING THESE
PAIRS OF WORDS BY CHANGING ONE LETTER PER ROW,
WHERE EACH ROW CONTAINS AN ENGLISH WORD?

| P | O | R | E | D |
|---|---|---|---|---|
|   |   |   |   |   |
|   |   |   |   |   |
|   |   |   |   |   |
|   |   |   |   |   |
| F | O | N | T | S |

**HINT** It's often said, "It takes all [third word from the bottom]."

| E | L | O | P | E |
|---|---|---|---|---|
|   |   |   |   |   |
|   |   |   |   |   |
|   |   |   |   |   |
|   |   |   |   |   |
| S | T | E | M | S |

| D | R | I | P | S |
|---|---|---|---|---|
|   |   |   |   |   |
|   |   |   |   |   |
|   |   |   |   |   |
|   |   |   |   |   |
| T | R | O | V | E |

**HINT** The third word from the bottom is an important ingredient in the Scottish dish called haggis.

# AFRAID OF HEIGHTS?

## CAN YOU FILL IN THE ROWS CONNECTING THESE PAIRS OF WORDS BY CHANGING ONE LETTER PER ROW, WHERE EACH ROW CONTAINS AN ENGLISH WORD?

| B | A | R | N | S |
|---|---|---|---|---|
|   |   |   |   |   |
|   |   |   |   |   |
|   |   |   |   |   |
|   |   |   |   |   |
| C | A | R | T | S |

**HINT** In the U.S., the third down includes Zion, Acadia and Great Sand Dunes.

| S | H | R | E | W |
|---|---|---|---|---|
|   |   |   |   |   |
|   |   |   |   |   |
|   |   |   |   |   |
|   |   |   |   |   |
| S | C | R | A | M |

| U | P | E | N | D |
|---|---|---|---|---|
|   |   |   |   |   |
|   |   |   |   |   |
|   |   |   |   |   |
|   |   |   |   |   |
| S | L | E | E | P |

**HINT** A knight in shining armor rides the third word from the bottom.

DID YOU KNOW? Kevin Costner, Ryan Bingham and Gil Birmingham are all accomplished musicians in addition to their acting talents.

# LONG WAY TO THE TOP

## CAN YOU FILL IN THE ROWS CONNECTING THESE PAIRS OF WORDS BY CHANGING ONE LETTER PER ROW, WHERE EACH ROW CONTAINS AN ENGLISH WORD?

| S | T | A | T | E |
|---|---|---|---|---|
|   |   |   |   |   |
|   |   |   |   |   |
|   |   |   |   |   |
|   |   |   |   |   |
| P | L | O | W | S |

**HINT** The third word from the bottom are big moneymakers in casinos.

| C | H | I | M | E |
|---|---|---|---|---|
|   |   |   |   |   |
|   |   |   |   |   |
|   |   |   |   |   |
|   |   |   |   |   |
| T | R | O | P | E |

| P | A | R | T | Y |
|---|---|---|---|---|
|   |   |   |   |   |
|   |   |   |   |   |
|   |   |   |   |   |
|   |   |   |   |   |
| F | O | L | D | S |

**HINT** The second word from the bottom includes Mustangs, Broncos and Explorers.

# LETTERBOXED

CAN YOU FILL IN THE ROWS CONNECTING THESE
PAIRS OF WORDS BY CHANGING ONE LETTER PER ROW,
WHERE EACH ROW CONTAINS AN ENGLISH WORD?

| G | R | A | D | E |
|---|---|---|---|---|
|   |   |   |   |   |
|   |   |   |   |   |
|   |   |   |   |   |
|   |   |   |   |   |
| T | R | U | C | E |

**HINT** You might do the second word down with a baseball card or a share of stock.

| T | I | G | E | R |
|---|---|---|---|---|
|   |   |   |   |   |
|   |   |   |   |   |
|   |   |   |   |   |
|   |   |   |   |   |
| G | A | T | E | S |

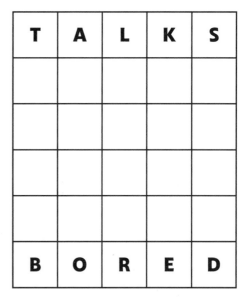

| T | A | L | K | S |
|---|---|---|---|---|
|   |   |   |   |   |
|   |   |   |   |   |
|   |   |   |   |   |
|   |   |   |   |   |
| B | O | R | E | D |

**HINT** The third word down measures horse feed.

DID YOU KNOW?

Michael Landon, the father of Jen Landon, who plays Teeter, portrayed Charles Ingalls on *Little House on the Prairie*.

**VOCABU-LADDERS**

# ONE LAST LADDER

CAN YOU FILL IN THE ROWS CONNECTING THESE
PAIRS OF WORDS BY CHANGING ONE LETTER PER ROW,
WHERE EACH ROW CONTAINS AN ENGLISH WORD?

| C | L | O | S | E |
|---|---|---|---|---|
|   |   |   |   |   |
|   |   |   |   |   |
|   |   |   |   |   |
|   |   |   |   |   |
| W | R | O | N | G |

**HINT** The first one of the second word down was a sheep named Dolly.

| F | A | M | E | D |
|---|---|---|---|---|
|   |   |   |   |   |
|   |   |   |   |   |
|   |   |   |   |   |
|   |   |   |   |   |
| S | I | R | E | N |

| S | T | O | V | E |
|---|---|---|---|---|
|   |   |   |   |   |
|   |   |   |   |   |
|   |   |   |   |   |
|   |   |   |   |   |
| C | H | A | R | D |

**HINT** The second word from the bottom can be major or minor.

SHUTTERSTOCK

# WESTERN WORD SEARCHIN'

## PG. 7

```
K K N C P K H C N W K J I N W V G Z T D
F U F E X I I P R W V A W C N I S X Q N
F F G M M D M X H B D C L E W A F V N M
L H W N O A X A J T C W Z H N N Q R M A
H H A K U I H G T T Y G E P B Y N J P I
I A I L I H F J U G T B L H V O W R F E
G H O L M R F W T X N Q T L N H E E T R
S T X N O H A K V T X I Q Z X E S N E D
F F T O X B K M D F V Y M C T N B T Q Y
K V J J K D L K O F A G B R B J E S O F
E C T L O A I W G O G W A B I E N O T E
L A E U T N P D F R D Y W Q W B T C M C
S H X K M N S B M R T S S B G X L N W K
E C G E Q Y S B A I R Z K E R E I J I
Y A O P R Y U V W G J D S W H T Q E E G Z
A S F U I L S W S P S V U J F Z U X K J P
B Q V M P T Q S U M W A J S V Q O Z J W
I G S E I O Y V Z I D H I J M T E B H Q
L K T S A N Q M G T K E S Y Z S Q I J R
L N L S L Z C F S H G L X N N N K I Y B
E T M V O F A K M K B O R Z L T F H V L
L S W T I E P P W L P C S S B K Q P S V
S G P G N U C I E P E P W T A J U M T W
I Y L L I E R Y L L E K H T E Z N R Z E
```

## PG. 9

```
J N E A L M C D O N O U G H Y J I O S N
C N K A J M Q N R P C J D S Y B H I N Q
A B U S E K E L L Y R O H R B A C H M Q
J E J V N B J E D Y R L H R Z B M H P O
P Z O P K Z E M Y J R Y D K A O S P P N
D T S B J Y F M I E Y J S Q B U A L M O
R H H J T E L A M C V W A N E Y B L J W
E I L V E K F I W C H W A N Z K L P I L
S H U M D R I F E S M A O U D I U X F M
P Y C L Y Y F R E R U M E S A O B D I R
K Z A V Z H C A T R O M E L G B R K V M
T Z S B N Q Q Y K U S G Q V N R E S X B
R Z M C C T Q C U E M O E H Z O L Q E N
F M X J S I R O E F J C N R Y A U V O Y
C T U T D L D D J H Q P P W S W L R L C
S A Q I S X X R Y T M K M Q H Y M L I G
Y Y T E R R Y S E R P I C O P I W S N O
L H S H S H P J Q M C Z K Z E T T J J G
M S L H Y H Z R Z B O X F Q F O T E A C
L C E R U G B X A P N K P C X W N T S Y
C F R D E N I M R I C H A R D S I C Q V
X V K C B W G L K H C D O T N G Z H Z P
X R Y P Q O T A P Y G L I A S B C A K C
D A B N E Y C O L E M A N O L B J D G P
N A D T L G Z Y J T G Z N U Q D Q I C V
```

## PG. 11

```
M N P J D J K B N O F B W G F W X Q H E
J F O H E I R A F K O C X T W Z W B C Y
J Q K Z A N V Q T P D S B V E P K P X I
X Y X F J S I S Z V Z H M D Y W M Y M
Z T R T J F S I S Z V Z H M D Y W M Y M
L E H F D V Q I F M H H U M Y G J T P U
V D Q M D T P N E E U H L D M O E I V D
V E L O O K H V H H R Y C X O G B M Z I
P N H W U B I L A P A L I O N M F O A N
I B W K D T R F B S I R A M I F T T Z N
K R F P T R G I O E U N R N Z S G H K Q
N O B G X D A N N W J I T I D V X A M
I L U R W R U K W G G D Q U S O V C R O
U I D M Y D Z W U I S P U B X O N A E Z
B R N R W U W N B C C J P B V E P N R N
R Y Q O R I A N K A K I L C H E R H P A
E F I G B I E E S A R N F E E V B A I
N D J I Q A V M D V E L L P N V L P T T
T H Z C B Z F L K W Q R X Q W T P T T K
W A B Q F D T E S J O F B I E F G Y G M
A G G Y Q M J F N E V E Q P R U M V A Q
L Y G U R G C D W X S Z U Z G J E F V N
K W K Q E J O S H H O L L O W A Y V B B
E P P N D N F X Z T I H G L T F P G U A
R X A Q W C V M F C Z A S X G N M Y B G
```

## PG. 13

```
K E F W D F V I E P Q T T R H U Q H G D
F H H I X B T A Y L O R S H E R I D A N
R W T K L I K R M Y B N V H G V J B Q E
L Z N K G Y B O T P N R V C S B I K I U
T K X F X X C O O X J W A E K P J H J T
E A O L Q Y M Y Y W C R I D P U S B P T
F R D B X X K R C M I H D V C A Z D Z I
I A Z N K V X S X W Z L N D O A K I N M
R W L C Y W Z S Z L X L F V J R S Q M M
N P I P E R P E R A B O D P U G K T P C
L S U F W Y H M A J E A T E A X C E E G
I S R G H R Z E R L Q G R P V T I B Z R
T V E I Q M Y A G J T D A G P P T I X A
G V W L B R A U D V F U S N E S O K W
L R B R E C K E N M E R R I L L V U N
E H E Q L L U H C B I W I O O A Z P U E
Z U K D U L U Y P Z I G P O A C H J Z J
U G I R P G W D N Z N O C G P N Y C J
I H O T U L Y C O E G F M O V N J E
V D B B D W T W L B E A K H M G Z T L Y
C I Z W F F B R X Z D N G H A W P F N S
F L R K A E F O V E V W Y K W S M C X W S
S L C W R E J A M E S J O R D A N T O H
T O U X T V X L K M I C Z U A M K R R U
U N M Z B O Q D O A P F U J L M A F Y P
```

```
U D K Q S L T T W C H R Z R L Q B A W J
C M K P U L S R N L S Q Q S M G S R L V
S B U O C U D T B P Z G S G Z U R D N X
W A O I T Q Z K U M Q Q T M L P E L S A
B U H Z K J D I T S I L F J Q A D Y Q V
X G Q E E V S P T N Z S B D L A L W J I
G M R V L M N C E D W E S E M F O K W I
N A D E A E A R K K R Y L O O S D K C S
X V R H A B N N K A V R X I U R G J G I
S P L I B T F A Y E L U Q V D L E J O H
T Y K O I P F R B E B I K R E P A J S M
T Y U P E I D A W I E N S L E O I X O Y
E D G I L W U G L H L H N P D P E S R P
L L I J O I M M V L I L X R E N U K G R
D A I F H D Q C A N S T I P X L L Y H R
Q W V V X G H W T L W R E N B T L A D P
W F X F I Z Y P B Q B E A F G T R Z D X
L U E L W D L N I Z O W X Y P C I S X X T H
F V A P L X G U D O J W N J Y S Y E Q T
P P C D U O W S P K I B E A P B H Z H O
S R I Y N G S T J X T O L J B C I D J
I G I L J V S B M O Z L Z Y K O U H H R
N V P Y R B K B W I N R L B V L G M O S
I R P P I O L T M Y X D Z Z M D Z T X V
X X Z Z D D R W T S M H U Y I O C R A S X
```

```
Q B W E M J N C C G E V F I P X G I X R
M O N T A N A V D J W W N H E Z Z L Q K
B Y P T N A V M Q Y V P E N Y J P W A A
H A D N E K J K O B Q K W N W X T H W C
F T X M E X Z W Q W J A M L Q P D J Q U
X N P I H T A M G D S Z E J J M I T R V
C L T P C P N S R E C V X N C L B N U U
T C S Z X J R Q P W N U I Y C B D T Y G
L A M O B K E G U S N K C C I G G Y U O
P D N R U E A Y L W B B O R E C T P L Y
D F C M B T G K B S Q G A N L H T S B C
L X M N J E H K C W S R R N O R R I Q O
O U M K C I D S L T U I H D Q U F C L
M R D A G C L D A S W N Z J P D O H S O
D V Z W N E A S A K X L O I V W Z Y N R
E Q Q X I O J L L H O F N H Q P B S A A
W T J Z A U R V I C O T A L W L T B V D
Y I A B W Y I T T F B W A W C W I R R O
O B X B R X E E H U O G K J T C J K O Y
M W B R N L M W N D N R N J B S C E C I
I Y C Q F D J Y C F A J N H D B T W E U
N M D T D E E W X C O K A I B S E J L G
G P N C B X Z H Y W M C O X A P H A K C
N H E U D B U B K Q A K Z T B E F U M U
W O T I K Z A P T B W Q Y A A U E N I V
```

```
A N N I E O A K L E Y V B F O M V I M W
W F B D M Y R N M Y B U Z I W D B C D S
M F B A Q W V O A Z U B L A M S R U V W
S U S V C B I P N Z R P K U F N S X G O
B F N Y V U J L T H L X E T X N L G C X
D T N C D F W L X N L B U O H T C D A
C D D R S F H E Z I Y K E D I X C M J Y
L O E O D A W L K W A N G R P H T N D O
G C O C T L Y K N J V M X B W V P C T O
E H L K U O A O K A U J C D L L A I K B
X O A E X B T J S S X Z C L H L F N H H
D L K T R I T I E A I S C S A K P B R R
O I F B H L A Y K P Z C Q C R X J M Z
W D K E Z S R H Q R V O C Q X S C H K S
I A P A G D P X A N O K H N V H R M A J
J V N M R D X E G U Z I N N N A A W T E
Y Q S D W R H M N P E W W B C M F S J S
L P K Z M L Z Z L S G X R I D H K Z X S
D K U K B I L L Y T H E K I D B I J N E
B H B T W G M B R H W P I L D N O S D J
O F Q Z Z B A S X V V V H N F S N B U A
E D E A F L C F T Q M F N P T X C T Y M
R P M R C H F V N O V M D X H O C L K E
V C Z D L H S G O I F I Y E E K X I K S
```

```
F K L A M R N X H A E A B F N T P X W C
R B N F N J V V F T W M E A S O K A K A
V Y I L E J T R H V M A N P A B I F W L
F W F L N I D M Y N F T H F M C T U V A
T H S T L L N B C Z Z G H N H I C A R M
H B E E X Y T E A K G J A I O S A S X I
A T C Y C C J J S S X R Q U E R Z M T
V X W F K W E L L E S T Z J S L S R G Y
M H E H M M L L A T J R V Y T R O Y R J
E B H R A A S L H N V S E D O O N X D A
I G E A I O X L V M T F Z E N X W D H N
A T N U R E X F Y H S O H K V I H J U E
O H C F F R B D B Q R F N Q E H E J W B
Q H R B U Q Y I V U M L A T Y S O G F
S H M M N Q W L G T N A F X Q O T Z K
A U R O O W R P H L H C F Z Z C N G N P
U N C I O Q H U V E P L H K S E D Y Z O
X D G R K Z Q L N Y E I U C Q L O O C V
S A T B R H P J O E S L C E A R D U X N
L N C J I T T Q T S O M E K J S C E Z A
G C U R A N A Y J U L T K R E L S L N B
N E G N B N W H D I I W T J R T T I T K
Y K Q U O G O E T T E Y D Q E Q T P D V
Y I S D I Y Z T T T D I T I K B U A L F Y
K D E T U K P J R K R L A P F D I Z K U
```

## PG. 23

```
R S G S Q P T Z W Z L M S A A M N R K L
J I Z A S V D L T X S O D K R M H G E Y
S Q A P E T R I F I E D F O R E S T M G
E Y P Z J M I L R B T G J S C W T R X S
N E N V O B V J B N Y G Y Q E H K W D O
U G C Q J Z K W A M P Y Q M M N A B L T
D Z D H Q N O Y N A C D N A R G C A V Y
D Z G K N H B W M L D R V D H I W O N S
N G T E O C Z O C F M I M Q P N S E W V
A O S J T O H Z J I G M F M N E Q P G F
S I C M E P X A U E V G Y O M Y W B T T
T Z T T Y O A N R Z L I I M D C N B I
A H Y Y D D Y U V N O Z T A X G U H X Z
E O F G N X F N Y P E E M H E M M E L M
R Q F Y A S Q I S B K L E A B P L O I O
G Z Z B R P O B C K K N I O S Q O N E R
Q X Y F G U P B B P O P Y S M S I O E Z
X G N F X A S J X T I H A B L Z J I S A
N U C E D D N W S Z I C Q R G A C H Z L
G W O E H B H W O B B E F C H A N I Y O
A K B R Z B O Z Y J B D I F L L P D H U
T L S C U L R H D T L V S G A C G G S T
F E H W L L J M C E G H M Z E M Y S C S
X P T E D X Q Y N Q O K A V T L A D L S
T U Y W Z B T L B Q Z C W D S I X P D D
```

## PG. 25

```
A F A N P T O X N N K G U R F A C G L Z
A F D H M Q J X I I P F M J Z V I X D T
N G S G O K Y X L K T J E U N N K X B D
N U K W U I X A L G O L W V G O F J I P
V W J Q N W P M E I J I Z W S R T O E G
P U Y N T C R A T E R L A K E T N S E J
O M W U R C G H A F D Y T P L H B R Z V
Z B J L A N R X R I S L X B N C U R F A
F O F A I M M B W X F A W C N A Y A A G
I M V G N J G I F F P D V Y K S C T R D
H D T R I K S S V R N G F N R C E R E N
M X C X E K J S F L P J D R T A E B P L A
D V X W R P X Q T O I R P G P D A N Y R
T S Q O D B R H M A N K K U S E S Q Y H
K E R M O D H T V Z U N Y A S Y H O P S
L Q B M D E K E C F A D E C W H N C Q V
F U A B R P A Y I J C T U K N D N A V E
O O Q G U R Q T I U L M R N T M A V E E
W I Y A Y H P B H G E I C K U S W P Y T
P A N K E Q M K V V S C Q Y H U P A C E
H B T V N V Y E W C A W Z O L S C O G G
A P I T Z G L S I W R L P G F D R Q G C
I U I D F F R W X T L K L V U Y T M G C
C B D W S Q L I A D T W U E R V J C Q R
Y Q J P X U Q E V I M Z F S Y F E D L E
```

## PG. 27

```
O V I W I X X B A Y N X P C E P Q G G T
V Z N V H Z R T C N X W X H P R T R B M
A T Y K J Y P Z F Z J E P T A R T Z N H
I U D N C L S T O K Z P W B D L E D C H
G V R T T O I L L E M A S S Y E R D J G
J W P Y H I I H G B Q O J S Z L R E K N
A P F I P Z N E S L E N C I R E A N R V
H V I O Y I A Y Y E O W J G C R G B T O
W K C J H A Z A R O H F G X M P A I I O
C M J Q M O M U F J U G A S Y M C B M W
Y X J S M L E A F I X M P G B P I T M D
Q F I B E H X Z N Q E R V F J F N O C E
Q C G B X G P M D D O X W W E K O C G W
C L A N Z K M D U U A D J V A K M M R E
R S K F N D C B P B Z J D Q S G A P A L
I P T U K A L I G J V B A L N L L T W U
X N Z M F R M M R V S U Y R F G Q Z Y S
T I K J Y A S S A E U S U K O I P I P E
F W T B W X I E S Q I P A N H S Q X X G
V Z B M G T R T I I A D J L F Q A W W W
A P H Q B O U B H X R S U O H J I G H K
K M T G O I O P K H G C Q A F Y A R X W
G K E T O D L Z D D I L R F W A F N I W
O Y M X K P I B V R U L N H M O P I S
A B W Y X F P B F S K K L G M R E A E G
```

## PG. 29

```
Z W B Y P J Q O S H T P Z P U I N C Q C
A P A T S X I N M Z Q K M Q X K Y J O Q
S P N J M N D K R U Q V M H J R O J U L
O P Y E T H G R H U J M I A B P V O Y Y
S X A A C L O I D M L J T F T N E G K J
A F S M L L Y N E D K J A L L F U X W J
S X K Z Y O Y O M W J H T I L U J Y F J
Y G S S N H O D I N X O V N L T T S V M
C G A J H X X S E C U F W G P Q M O N O
G T V H D S A L A S R C L E U H N H R M
H F X Q A I U M W U D I E R N V A J P U
C T R B J V G Z E B S A O L B D O E W Z
Y L H I X T I P Y R Y P L L C Y J T X D
N T T O E T W E B P I B Z E L G R H U U
F N W W R S B E D L Y C Y G Q O I B D H
X M D R X O I L U A O X A J C C Y E Q I
C Y J I V E U A N I A R M N P N T C A M
I M U G J S S G N B K W S W P S A Q M K
R G W O U U A G H Q W R J U Q A F A L L
M E D L W J O N G B T V P Z M H J V V C
X Z H T V C V V B P E R C H E R O N N M C
E M U S T A N G P L I E L B V B W U T M
V M D W D E I A L U W S D L W F T Y E X
S C R P E N N A E N O B R S F O J C R Y
H A E A R A B I A N W M K U E M F F X A
```

```
T J X J Q X B P E F M H O T H B F S F B
P K N I K A W T E V R O U U W E Z R R L
E W R F W O M U T K W K N T T V E K U Y
F Z B E Q E R R K D M A H G I W P A K M
H A P O V B M K L S N P R N O K K M S U
W E T W U F U O E C S W Q T S L V G T Q
O T U L F F D M D J H F W B T X I D O S
Y J Z D X T T A W W Y K N H P G W A X R
C K U B N W A N D A L U S I A N C L N P
Q Z E S V T N X Q M Q L K S Q G F U J D
Z G N N G E N L P Q W F N V L R A S G J
Y I B V R F G C S U U B R H C L L Q A C
C I M L L S H E E Q Y F D Y G B A L L F
C E Z D R Y H T K I L E Q X S A B V I M
B L H G Z W R V A Q Q R W X O U Y E D M
W G C R B E R D K M Y J H U L T E K
L Y L T G E E Q R M W A S M L C L C E Z
H Y O B X V D Q A D L L J H U N A G R B
D A F N J M U I Y F S Z T G S Z F J S E
J W X M F C N A Q Y J P P S I P F T C L
K U K W J A L G W J G H S Q T B O Q O C
W L Y V H A N O V E R I A N A B L R B B
F H M V F W Y D V B C Z P S N Z X T Q
S A D D L E B R E D B I T I O N I K H Q
D C Z U X K E S I L E S I A N V T V D V
```

```
M G T O W W H Y H Z M Q R L F E D K E J
Q X U M H I P E N D L E T O N R U U M B
S P T Q K S L K A P V W K P A J P Q U W
B Y R K Q F V L C O T P O Q X U R Y H V
K X X W G T C L I G R S P H C U E V C U
Z Y C J C U Z B M A X G N N R Q S A B Y
C N M A F Z Q G F G M O Z I I T C K X A
D T D R L W Q S F O M S Q G M O O G Y J
W O R C R G O W R K R B L A X U T R E D
R C S F H F A N M O Q X O A M O T T Q Q
R X S V C E E R Q S B V L U K C H B U D
P N Q I G H Y S Y K T C I Q R E E C I V
T O N O M A R E T T N G L I A A E W B S
D U N Y N L L R N I A D K O V T O F L X
C O K O M P E P G N V U V Q N X O O U Y
Z N D N K F L Z T Z E A F D V Z L U E Z
E T W G A A Q N C C Q K L B A X P M S U
E O O B E A X X S M C H H W N O W Q Q G
T F A Z K C T W H P M W F N E C K U B X
A B E O O M T H I N P N R F S A I G S
U M B X K A Q T P W Y D I W K D T J S Q
G G S Y N I Z U Y W W P L J A H A E V H
G G G R E E L E Y V S L U L I P N A R Q
R A N G V R Q O F N E F U D R F H Q M N
J C M A A P Y Y S E N D Z V X J D B N A
```

```
O J Y J T V Z T P W V R M J I P R L E Z
T W A J R Y Q D E R K G X G I D C T I O
E O R K I O G Z C Q V A S J Y B V W Q X
R O G E L M T S L U O U T D J D L L Y D
K I S T S E Z Z H Z T N E Y O M Z V F B
W U G S W T W L N Y V E E B P M C L U K
K W A Y E U L O G Q E E R W L U E L N U
P P Y B G U X I O Y P P R H M T Q W V E
C Y J B M V G H N A K L O N I T G G E P
B M U U Y U T T T G D A P H O O R J L O
C A N L S H V I W A Q O I Y G N Q U T O
B E R L D A G V E W I C N K E B Y N R H
W B W R D M D K C D W M G E N U V I F O
X U X I E G Y D J Q O P W K H S N O M A
O P M D V L A W L V M W L Y Y T R O Q
P B J I R E R T W E W P N X V I M N L W
D L S N X A Z A E L B B B R Y N O R J I
Z E U G L K E A C A W R X Q O G N J Q L
P J R L G D E G L I M R O Z V P Q F W D
K L L Y H F L H H F N R N F R I V H C
Y O I V M L Q Y G G H G O O P C T S N Q O
D Z F X J H Y T X Y T S M P V R Q H G W
J T X H I D V U Y W N V C Q I M D W N A
L E U M A T H W P J M B D I G N C X K R
E D X W D K L W I R T K U B A J G J Q G
```

```
E Y A M H K D V O A D D B R I K N T I Z
F U C L K S C Z N F K K S E Q T Z K L Q
Q R O T I D T W O J O Q D Q N L M Y Q W
B I O I F W G O S X F C R H B U I U N K
Q Y K D Y X X B N G C O P Q E S D N H L
D W J X H E B J H U L A P I U B F M Z O
D T E T N A I G O K A T F B Y R W W T W
U X N K J I R L J N I A I N J L L Z H J
H S E Y U B F W H E U N F O R G I V E N
X S L X G K E M A U O L L A B T A C T I
Y E R C Y A R G I F J Y R X Y A Z R E B
P W M E V M Q L M X G P L Y U H U U E B
W Q F C H Q S M E E W C W G T T G I A O
K Q G I M C N Z R R S B Z F S B O S S B
N H D B P R R M E W D M L E W T D L U A
P Z D A Q U L A J S Z A A V H O J O R B
Q C Q I M F I J E D I O M Z Q N L U E E
W H A I I F Y K B S Q G C A O X K V V O
I I N P L A Y E T E U E C R O C V E X
W R F X Y S R O K N Y H O Y K R B S H S
S M N A Q O Z I O M A U T P K I E P N H
B A Y N N W Y G J R N H E P P N D I I D
R F H Q J W V K X T W Q S F Y Z Q U S K
Y F Z T C D V O Y P C R N H R V C M A
O A L E C S V Y O Y P C R N H R V C M A
```

## PG. 39

```
V G Y W B T T T Z T V O A R Z M D C N B
I H Y N Y D Y U V A X G U H X Z O F G X
F N Y P A M H E M M E L M Q F Y S Q I S
B K A B P M L O I O Z Z B P P C K K O
S Q O N E Q G X Y F U P B B B P P Y M S I
O Z X G N F X I A S J X I H A B Z J S A
N U C E H C N U B D L I W E H T D D D N
W Z I C Q R G H Z E L G W O E H J T B H
N O B B E T F C H I L V O A K B A O R Z
O B Z Y J B H D R I F T L P H U N O M T L
O S C U R H D E T E L V T S A C G B G G
N O T W F E H W R L V J M I C E O S G H
H M V Z O E M Y S E C I S X L P U T T D
G X Q A Y R N Q O K V A R V T L N O A D
I L S T R U R W Z B T E L D B Q C N Z C
H W D S I B X A P D D U N D E F H E N Y
R I F K O V O C N S U L L A U R A Q U E
D H B S Z P H I O E K Q S V N Z N U P C
J Y J M R H E A R T K P I Z D T I P V X
Q S M E Y E B N G E B O O Y F X N V J T
J D Q R M R L U R O Z R R I P M E X R S
Z F E S H H X K B A Q T O B J I D U F O
O R N L M Z K A W V N E T O P S H A F N
Y L G D Y R Y W W D L G P N C A A E H M
V Y X H W L L B N U N U E C H I E L S F
```

## PG. 41

```
M P Y Q M M N A B L T Z D H Q A I Z G K
H B W M L D R V D S W H W N S G T E Z O
C F M I M Q N E W V T A O S J O Z J I G
M F Q P G F I C M P X A L U E V G Y W B
T T T Z T V O A R Z M D G T C N B I H Y
V D Y U V A X G U H X Z O E U F G X F N
V P M H E M M E L M Q F Y S C O Q I S B
Y K T A B P L O I O Z Z B P O O E B C K
T K O N S B Q O N E Q X Y F U P A H B B
I P P Y E M E S I O Z N X G N F X C T A
C S J X I C H N A B O Z J S A N U C H E
E D D N W Z I I D R C Q R G H Z L G W O
G E H B H O B F R O B E F C H I Y O A T
D K B R Z B Z A I Y F J B D I F L P H H
O U T L S C M U R N H T D T L V S A C E
D G G T F I E H W L G J H M C E G H M G
Z E M Y C S C S X P T A D E X Q Y N Q U
O K A V T L A D L S T U M W R Z B T L N
B Q Z C W D S I X P D D U D F I N Y R F
I F K V C S U L L U Q U E D H B V S Z I
H O K Q S V Z U P C J Y J M R H A E T G
P S E L D D A S G N I Z A L B I Z D R H
P V X L A R A M I E Q S M E Y E B G E T
B O Y F X V J T J D Q R M R L U O Z R E
I P M E M I T A N O P U E C N O X R S
```

## PG. 43

```
F L D X J O T R B A J B K R M L R F B A
Y I D E O E L N Q R Y E M E V Z E P J H
T Y G T H E O X B O W I N C I D E N T S
E P Y C N A R Z B O X S V I C O C D J A
I S X S N F B H L D B K H W A O X O F D
Q B S K Y M B K A C Z P G Q N Q S Z P S
T R U E G R I T C F A P E R W M L G I I
S L R E U V Y V K T I H C W D B T A A L
Y V E R I X L D R U H K X N K M A B K V
V M C Z T C F A O K D E G B Q M B I B E
E T P Z A A V F C N L Y S O Y X Q U C R
U B Z D R T H F K X Z X E H H M O M F A
I N H A N G E M H I G H D Z O V D H C O
Q E K B L W R T E J W X W E M O H F C O
H E R H M R W O K T L W X K B F T V I M
S D P K G N L H N X H I N B R P W I Q Q
F S K T D N V A G R C L X T E R G V S W
O L Z Y V V J B Z V U L Z T I R Z Z E T
R M S G P U W R Y T I P G C G Z O S K X
T E B T U Q Y S H X S E R B C O N G S U
Y K Q T E P P A I G O N M M B H M O D A
G N V E G Q D D X O H N L Z R O N H V X
U W Y X E I O Q X D T Y O Q B Z Q T H K
N Z C S G E W E M C Y S L R X L G F X K
S O E I N B L Q K Y T U L M G X F D Y J
```

## PG. 45

```
X X G Q L N N T A L A O N T Z Y V O N P
P Y U B T D N A O E J Q E R G H C G D C
A F J M C I Q B Y B J I R K A O C Z S E
T H E B R A V E C O W B O Y H N S G C R
P H K M D U P E I J I U D A W D G Y M P
Y E Q H T B W U W I H J M Y F O X Q T I
U H C W R X E E M W X C Y J C H N N P N
N Z G Q U G P U R P L E S A G E K M K R
S K S R K H N R U H G K V T Q G Q U D Z
S I S T E R S B R O T H E R S B K Y I
Z R U J H K N G I X K T I E B W W G Z F
X M D U E O T J E C H K S C B G G N Y T
Z C B J Y L R U M A O Y D H Y D D C U N
M I N D V T K O E R U Q Y U N M L E I E
N E W M A C R E X A M B X N G O N T D S
C O K V Y Q H D E S M M E V P V N T V V
D S X Q T S A C R F U J V D A H E E Y E
I I X J O U O U G W S V P E C Z S N Q R
J D R F L J P X A T B H S P T F O N W R
A M U C G D G V B Q F T A Q P S M I O A
O T L I T T L E B I G M A N W Q E A N N
B R O W W E S U Y V O P I D E K D L P N
F F Q A Y K W B B L C L D C M P O X N E
A V X B W T A I E P F C E T T W V K B D
H L R Q J K N N T A V V Y U M A N E H I K
```

## PG. 47

```
T H I L L S I S G O L D W M Y G D L C E
Y C A N H V E K F F J F B X K Y N U V V
N K S Q V R W D C Z I Q O M A V E X Z B
A E N H W T V M Y T U M P O H P D E R W
X V W H F E X W L S V U S M L Y O S D Q
Y H C S G R T B C P F W Y H H S X J F Y
P S E H O T F H S K G Z B J C D C P L U
P N S O E F S O E L W M Q X J I W R S W
P D B L Y R T J U G R F A Q A T Y M O Z
K F V U B J O H F F U A L R T L Y C L W
L B E U F V Y K E A B N U C B W C X Y P
T D L Z C O I F E W K U S V N I C Q X L
N T P D P H N O S E O E Q L Q O Y D Z P
U N A P O R Z E H H A R U V I W J G N B
D I S X H S E C O G T M L V Y N D O S P
S E O B C T U T L W R S E D Q X G R B E
T R U E G R I T T Q M B T R V G H E N N
T B Y G D A B C H Y V E D K I Y L D R H
U M D L J R G R O I H V D V T C O S D S
X T F H Z R W W H G K O B B L V A E R K
C D A E K W U Z H M V X R X R P L R V T
U O K R R Z K B N R C L O S E R A N G E
R I Y E L H H Y H T E E R L E P J J G R
V D Z S A R W T S H F O Q F L S A H Y V
O L I Y M R B T S E B S O I X Y O U H Y
```

## PG. 49

```
X M R K K J X U G F I C U J F V X E W E
H Q L S W N V E V L W F L T Q N E J O H
M K G M Y H Y P I Y K K A A G T H W L D
P N B Q Q C P I T V K C V E B H J H F U
S H N I C A E D E A N A T N O M Q B H N
I Q O N L K V Y U G B K L C K N C A M J
B K D G U R N N N P D E E A O V M S J H
V Y M T H S Q H A L A L N R U Q W D R X
E C E I R A D B M A V L W C S Q L A C F
Y B Z J E S Y K K P Q Y I R L C H N G U
V M C J S R K B G K V R U A B O J X N W
S C D W E H W T R Y I E A S R G A V R T
D C F R R O M V A M B I I H O N M N F O
A K A O V D D G B T T L X S K J I E F I
A X B B A E Z O F D Q L P R E A E C I E
T T B E T I F R Z V Y L I N M L X I M
U R W R I S X L Z D X O S C R L I Q W U
D O I T O L Z L G S U I T V O X E N G J
N Y W L N A C X D J D I G C V Z Y H R
Q N N O L N B L X I Q R L D K H H X B P
Z F P N N D X A U P E E M B R S U I R A
X W K G X L O D G N V R X B Q H N X V
S X L Z K D P T E P G O O S A D Q E D A
U U L Z N U Z R L F L K M F Q S B H D O
I Z A J E Z I M D L A K C M H Y N M H C
```

## PG. 51

```
O C W B A A P G F C X L H R O X I G Z N
P W S Z A N F D C I N A N H R Y M N K P
W L E T V V Y Q K Y S X S Y F M O C N A M
N N A K Z A K G Y E Z J I E X U P F B B
A G T Q D N N M Z L L N G S C X G R H H
B R T U C A X U R Y O L C D X Q V F J K
K Z L I S N D I P R Z O S N M C L G S
N I E D D O X V W X Y C Y V U B Z M A
M Q S H T I X E E X O I Q P D Q R Z W W
U P P R N T M H R C O E T Q T W J K X N
V M Q V Q C M X R U K I Y S U O L A E J
S U X S B U B X E C J Z I X J J O X Z Y
U P W D P R P F S N G E X G E L T T A C
R B U Z A T E C C A Z U Z A H B M I G C
G I Y Q R S P Y U J M O Q N M T M Q P X
E U S Q J N C K E Y S N G M L F F F J R
R I Q I Y O J G I T T N O Z U F I N A Z
Y U D B L C Z V O S Y P U Z K G M N E Q
L F H A N R V K D E B M M W L G C N U P
Y Q H L J A Q M O S F M M W X H W Z P L
V Z P T Y V D Y N V U Y H J H O J N A W
P T K K C R F Y W T Q E B A J D R I A W
H W G F J N G Q D Q W D N A V W L M M P
X U J F O X S R A C U D G P X C X K E O
M A O L W T B O P I S J E X F S I W L K
```

## PG. 53

```
M A W T A E I J S P S C E I U C O U Z G
E Z G S F C Q Q U Y C X U X N L A X F Q
Y M R O F X Z Q P E F F P Q E G Y Q Z P
C V T V N C E S I B D I C W D T L K N R
H L E Y S D E W M P P C S Q A A F S K U
M O I I S F S F W P X F S R T O I D D
L T S F D J O Y Q F X P E E K A X N V N
U I T N K F A E P V F R N C A E U K X I
Z P N O T J L T I F O E H M B N B W V O
P A E X U I M S P H G R U K I X N J Y C
D C D R F E G O C V I A B X L A G Q W C
H E U D D F S G E S R H J L U O P K C F
R T T V I V N N T T R N C A V O G X O Q
A A S I M I R I D R M W K E B Y D S Z T
F T G R N O N A U I E C R S M N L S A R
F S R T A E R T U O N S D Q N C E N P
I E O T W H V L D B O V X Z K C J Q O J
B M A X A L S P V R X B F E G I M F O S
A A A N W N R T Z G M U F K N E N C X W
K K X P A X C W H W C A M P A I G N J D
W T H T R S E E W R B G X P J Q K W Q K
W R L Z O C E L F K B Y R D U Y G S E D
E U H H G R X Y Q P J K C H I B O O R V
X T C N C U I Z D Z C R E Y X G Q R V C
S W P U Y T R A P C I T A R C O M E D R
```

## PG. 55

```
L Y B W I J G E B T R W D L O G Q F F X
J O I X H T E X O W E G E Q A T J R G N
M X U O T I M I J M Z V M Q J I O W G R
F S Y G X Z G K F N E K A E N Z O Z K F
N J E H O D Y S I R Z Y E U F S K F U H
B K N I P M S B A H L P T M O I R D J I
T J G F X L Q G Z V A A V G G O P D P A
F R T Y N T E X G S L R R T I C W Q N G
M E V M Y U H G M O L E X B V C L X Y P
Y T X O U M C O I T I H Q C L Z R F F X
G J V O M H T Z W H A T R E P O R T E R
L M M L L W K L G Z N L I V S F A I E F
O B X P C J A N D C A Y Z L G C R B R
M L R A A M I W N W E C W T C P S X B E
U G S V F F F Y U L S I D A A T N G L V
R Z H L L P L C G M U S H Z D X I Y U O
N S F O O M Z I Q K K Y S B G Y K W E C
G H G O T I V V C Q G H R T P K N B R R
E U L Z Y Z Z A W T A P X V X Z E P Z E
I A X O Z R B O B E B F O E V V J O O D
U D T M K H M S T R W Z G V Y P N V Z N
C L U B S Z O D I I C I C Y C L A L X U
X V D A V C C D V Z C I R A K V D A O Z
P S L C A P O S A R A H N G U Y E N N J
Q F H O D A N L P S B W S I Z H B E I W
```

## PG. 57

```
Q O R G E I T N D R J N X A A X H C P A
I F H X X S Q Z W T B X A S F B S W T G
N S Z I I H E E F J S L I V E S T O C K
T B G A L B D I S T G E N O D D I X N L
E N H F E X D H M N X S M L I L F N T R
R G W Y M C M F Y E U P R J J V A O U P
V N U W V M N H G M C T G T Z X A I G U
I B L Y Q N F I U E W K U V W Z E T J I
E A W L Q G C Q Z G F U W X K G S P C A
W G S J B Q G F J N G W P N H H U U O P
T A H U C L O G R A J H N B E S O R M I
O B K F F Q H E Y R C W G D K W H R M T
F Q M A W Z P X U T O T I B F Q K O I C
W B U T W H W B E S T R C L E N N C S C
Y Q S H N A T H U E P S O G Z K U T S I
N W N A V Z O Y T D C O I R E A B H I E
A W Q W I Y K J E Q D F R T Q R B S O K
M B F U E B Z D K I D G X F G K O X N K
K J D I A Y N C N N V B C P P J Y B E W
O P I G Q U C G F E L Z O L X H C S R T
E E Z R O U U K V Z Q J D D W O Z U V Y
J R M W S J A V I W S V A K J W B F C X
N V Q Y M J Z B F K Q G C M Q A C H X F
X K B W R F Y P D K I L B L V Y U A X E
F L I P M K I I Z I Y Q M S Z Q W B V P
```

## PG. 59

```
Y H T D I W D L P L O M C J Q Z B U N I
N M B D Q E P H U J T C H Z J P R X V L
P D A R N D H P R O F E S S O R Y T U E
K V L E F N J H B F I P B L L U M F S E
I Y B A V V O R N Q E H R B B R T M L Z
P Q J L M Q M I T V Q L Q Q U B E W L R
N A R E R O W L S L O C S M O H R F A N
F A V S E Y G A E S X C O D N I E I A A
N T N T C W V N Y X I N N F H L U B X Q
M W N A L B A D P T T M K M L Z N T R N
I X X T U X C G K A B C E K C O L W Q Q
V N S E A N J R N V O E P R W H I J H R
D W F Y U V T A R T T R Z N J V M F O Y
M A V V M P S B G F Q T Y Y F O Z H S O
S Q J D H T Z T R A W H C S B O B Y P I
O K N S A X F V V I K O K F B T R I C
S N O T A T I Z J A G M Z G I P N P T J
Z U E T M J L V L N I N U U S B L W A R
I M I Y X L V K F U E F L H T M K S L G
T K J C A N D E M V T F K S F Q U O V Q
O G H Q I R Y N T I L G E W I Z R H Z X
R Z M A E N A M A J X H T Y G J P K W S
Q A L X H F G U P V T W E N H V N E E O
I S A P W D H Q Z V C Q X C T U Q Y X D
B V V T D D X N I I H L A R T D C Y Z G
```

## PG. 61

```
M R Y X Q I L U I T Y O T A Y K T A M O
R H O J D O V A D I T L W Z T V I D U T
R V C T K D C X D I F G P M Y T Y U F N
G S E W N W U A O G W E Z A Y U P H C M
T N Y N W E X B S O C Q S O A T A O L B
Q S F H V X M N E I G E B T R C D T O N
Z Q T G Q B J N A F N E G J N Y U Q V I
R C D T P E U L R D P O N G W P R I E L
N X I U I C J K K E A K U J O C U B R S
I V J J N K G L T G V K U W J O Z I Q F
M P H H W B R B T M F O E B T U X I F Q
K N L K R R C O V Z Y R G Y G U W P S V
S D A M B O X K F B P G C L O E Q S X M
H E M D R T F Z J L L V A M C H D M
B F Y E C H T L A E F B O G V R D K P Z
B O U M Q E U V A F J P Z W A N E U W D
H J Z H P R A J J H A J A I X W M D Z R
B U Y E O S D G Q Y J U H I R U C V E A
T R F R M N F I T F U T Z K R B W D I F
D I F A Z A W A B D M R C X U D M L G I
J K M E E C N I I X T B W B N S R L Q H
M U Y O M C G P H K K S G C W X H O P V
X N L O F U R I O O A A J P G J I W P E
J I T N G X E H B F Y S X L K G K E A X
N D D I E R Y D I S S A C O Z F X W P X
```

```
A E K M C E H V A A C S B G O C S A G K
A J A N G Z H Z K Y A C L A F F I W L M
R Z D B L V I K N O I S S E F N O C F V
T E E A A M D F P D L O U T K U Y Y F H
V F D A L L H H P L X M Z D E C M Y K T
M P H Z G D L O X E Q U R Z J J M E Y O
E C H R T U Q I P J Z M H F K M Z V E B
A D R R B N K W S T K B M W I O J E G C
E J V S C Z E G B T K S I Q J M H L X H
K Y U C K P E G J Y I G J P J M F Y P G
Z E J B E B B X A W O C D Q U F K N L H
W V E Q W N F B K K X F S M X S N D L S
F W A C C Z C D V J C R M R T H T U M
I Y X L N Y J R B B M O B O B P R T R Q
T U N M E A L W W N C D T Q M E L T N J
N X C P F R M E D H K J P S T H E O D E
B L D W F L N O P I R T D L E I F N I M
D X X I O K Q A R M S K L L U V W A G A
J A M O D L W V I C U Z O Y X I I M U E
S B T E N Q A P O D Q X N F E C H L C N
J K J D A W T M R O N D I Y F Q R V E V
C J P O T J W T L Y D I A I Y V R W A S
A V Z R S I I H I P X W J G M R Z C W X
X A R E T N L Y J G X W A D R U J H Z G
X X T Z H O Z T X Q O Z G N N A J W B W
```

```
A U E W D Z P I H S R E N T R A P X Y C
W U M U Y D K K Z W V M H K A U F X P A
E K M B C E E S R O H G N I K C U B H V
A A C S E B G O C S A G K A J A N G Z H
Z K Y A C L L P O I S O N A F F I W L M
R Z D L V I T K F V T E E A M D F H P D
L O U T K U Y B S H E R I F F Y F A H V
F D A L H H P L U X M Z D J C M Y R K T
M P H Z G D O X E C Q U U Z J J M V Y O
E C H R U Q P J Z M K R F K M Z E A B A
D R R B K W T K B M W L I O J G C R E J
V S C S Z G B S I Q J E M H X H D K Y
U C K L P E J Y G J P J M F P G Z E J B
E B B O X W O D Q U F K L H Q W N F B
K X F T M X S C L T F W C Z C D V J R M
R T H M T I M I Y X J Y R B B M H Z G P
R M Q A O S T A E R H T L A G E L U N M
L W W C D Q M E L N J N D C P E D H
K J P H T H E I E X L L W L I T D X X I
O Q M I S K L L X W A G A J A M L J V C
H Z O N Y X I T U E S B T Q A P O Q X N
Z E C E H C N J K J M U R D E R W T M R
O D I S Y F Q R V E C J P J W T L Y D
A I Y V R W A S A V Z I I H I P X W G G
M R Z C W X X A R E T N L Y J G X W A D
```

```
I M S Q S F C W D H V A J Z E F Y H P S
O U A I X P H B N J J Z H H Y T G X H Z
A I B H S J R E O Y M I X P J B C Y D I
H F O D O H V E R K G N S J G Q H I L U
O S T P S S P G V I U C O W B X O X P
C A A C V S K R Y N O A C L D I T N L C
F L G C T Q B A A F A M W J R L X R Y N
W P E W O M L G X R Q N A M O U W P T E
Z H W P P C N N U W U C C X Y J L C R P
T F Z L K Z P A R S K P L V L D U X E C
P U U L N Y X H S N X V S O S V R C N
O N G G B V K E O L T K T Z G K E G I X
U Z Q T M O G N U E Z T T U T H H I F X
S F V C X R H A O E Q T F G T P P U F Q
Q O O S Y O W L G Y H H E A P H Y C O T
E O G S L I O P R N P U F L Z F T W E
S P B E N B H R B V I D C E B L W K C F
E X L H E T F I G N Z C R N R O R I J
U B A R E E G A L A Q C I M P Y T Z L B
I Y Q E T N T R C A V V R A T F Z Q J
M Q I A R M F G O C W W U Q E N S Q P P
Y Y T T A L O V E N I Z M D E T S E E L
I I K A A B U Z D Z W U Z D Q T N S R R
M C R J U L L I C N V Y O E D H W I E N
W Y G O I P N O I S O L P X E G U A W C
```

```
F J V D Q D A T W Y M T A H D F W F W S
T Z U K E R Q W M O Y C E B P H I V X Z
A M P Z O N H B B H Q L S V U L J L V A N
S Q H E F H C V R Z P R V U H R L B U F
I Y L M T A D J H V X L R C D O S O C K
C D Q L L N I Y W X P M R B F M C Y D
S K T W A E R R L F R D C T V E S F L L
W S R Q B E Z K P N S M J C X L V T Y Y
N V K E J C Q C E O J J T A X G V W J V
B B Y X C B A N H F R Y F L B Q Z Y Y N
V R D N R O A R K E M T E G G K O O O Z
B S T L A B N X X Y T H P Z X A N I D D
V T D W A C U O L Y K B D R D N T F S N
E H M H F H G B T B M B F K O P F E B N
X U Q C X R G E T S A F I R E J S X Z L
H L U T R N C M B V G G H C L A E X R C
E L L I S S T E E L E N E U E Q R C S A
I N A Q K O W V K K Z R I L M B F K T M
K I M K P U H C F K O Z D V X N I E I P
M K G L P Y P B A N H N F Y I R K X V O
R R T U J T L Z W A A A P E E L D O V U
S O B F U O B F Y L S V Z S R Q P U A T
P Q E N J O F J X G W L O V Q D M M F O
R B D E P U T Y D A W R Y Q V O E V T T
D I D L Y S Z Y K Q T S J E X Q B A C U
```

## PG. 71

```
B M U F T J L O O X J R F H Y N G R D Q
S P Q X H R S P I H D E R E T T A H S R
S P R U P Y P E W K O H P M F Q U X B V
B I Z E S W T S I S E D D N A E S A E C
W T E M L K Z E Q T O D R K N M D O B G
J F Z A L X M B M J I F U S Y Q L X M Z
U R J V I X M J W J S U Z I L T O N X Z
V P N K B H L X I R T Q Q V H Y J C S P
W C W U L D Z D X C X J T E C N C V A S
P K X A A I Z U L M C N E U T L S I Q E
G X Z X C Y B P B A E A V G B E M N Q N
L L A T I H W V K L O P N O R X K K D V
L T S P D U O B P A B B U O I Q Q R E B
E A E W E U N S C O N C R E T E P J A M
V T V B M M G L B X E L N C I Q P Y U M
Q C D E A N J H W D E O S L Z J R G W J
J U D N I R A S Z P I L T B I F U M D U
Z W U R B N R I D T S Y L L A Z M T Z B
O J B X O T K E A F G U T M G P O E J L
K O H P R I O T L N O J S E E N R B Y X
M W I V R Q R P E R Q K V H Y C M D V C
E Z B G L I I F P M A Z U O E M I B U R
O P H B L K D R R P B C U A Z F L J U M
R I X F G O A U F I Q J E M D R L G X K
B Z U L N Z M S C P Y I P R W K H C S C
```

## PG. 73

```
I I Y D L H H B D E V E L O P M E N T Y
Q D I I P S Q T S S W K I F P F K O A E
T T X S K Z I I L B O Q W H W W B W B L
I S D D H A K R H H N L D J A J H G F B
L H E V F O K V F E U X A S B C F M L P
H Z B C T Q R Z U S Q D T F N W K D N M
X G N G I T E T Q H O H B K F W V F V M
H U M H R V C Q S F K E Z L B U X S U T
M N X D B X R S I E M C U Z U O B X E E
W W H Z T R B E V E L I S R Q A D U G E
L A G E W D I R S U H L E V D Z B E G N
A D I M E E S D B H S B I S F T N E T A
J E H G F V Q P P L T S J N M G F G K G
F M V B E T R A Y A L L Z Y G Z W H D E
N O F R P R Y F B E C O A H R O W G O B
B R X I C E B Z A F L F O E V M S X N E
V R O P D V J W J B M N J B H A D X Y T
K O M H I Q F I O C A J G P D H K N V H
K W B L U E T H U N D E R Z H Z O P O F
H E X Q F R T Q X K P W R F K M I Y N Y
J Y P P K S Z D J X D R P D E Y V Y J H
A Z P J B F J N J V B F R R O Y S V Z X
I B T X V V V D O F D Y E D K P Z H L Q
Y L W S V R X U V K Z C Y R S F G L H Y
T I O B H C O O S L Q W F B A R R B U O
```

## PG. 75

```
R B F F K D C R N K A I B R X I R B I A
G S M C B K B R O O Z Z F S M Q K E U D
N E W M O N T A N A T N J P R G K R W E
B M F F Y Y Q W Q Y E D V P R E G N D D
J P V H F S J R I C D A J E L V M U Q N
T F D K Z B U E Z W R F L S Q D K H K A
H P Z V A K M V H Q D I A K O A S R I R
X G F Q M M H O H V A S D I W E X U S B
B Q R K H E B P J R R A V I E A D W Z N
X T M V I K B E T U Q H H B I O B G D U
I Q R N J R G E A A N E I G M K Q N X F
E Y O U P R J L E O R A R C A J V P X S
T S O A T K K S I X F R K E R X N K E H
M E M S X N L T N S A T Y R A Y B M D Q
F L A N Z M C T J Z C T F K L Y H F Z Y
G W X D H U D R B T A O T X C D U P R I
I F W A H G W P B Z H J L J U A N N B
I D D F W J J Q N X M E N R S N O W H J
F F W H Z J A U Y U X A N S Y O Z J T R
T W V C W B Q X Q Q B R H W R E F V Q D
W Q J K Y D T P X L D T Y Q E C D B M S
H F M U G Y Y X V D Y X A Q B V G P Y O
O L I O A D S S B L W K W R B O L K Q U
C A D I N E R Y N N H C E O O N Y K W E
L R Y U U W X B T X I U R G R A H K I M
```

```
I B Q D X S Y S J F Q R I O U D W Z H X
U Y R A R R F W C Q J S P S Q I Q N D Q
Z X X X H X Z X T S F N K D U V L O E F
M X V J D E L X V D T U X E D O M I I T
H R E Y E M D N A Z T R A W H C S T T I
P R S N A L C H M V B Q S D D R C A D F
N W B K J X W G T F E J M T K M Y R Z H
K C L S Q L C A S W U Z C N O N V E Z S
F P C H J F U R I G X A G V W C B P U K
W Q S S F D T S M V N K T U K T K O U A
Z P E G D N D T A A F I D V T I S G Q J
G K G D S O K N T F F L L B T D S N J B
Q O S L W I R G U G S Y V L V B I S B B
O X T P C T X D M F R J S F I U D T X I
V V M D Z A E U R F E E R Q B W S Y W
U X J M O T D X H Z D G L Z O S P N N Q
A D K A A N V O X G L A D L I A H O Y A
V I J V J O O A W X O O D E E X L I Q D
Q V O J R R Q K I W H K B Q H L E L N L
S A Z H S F O B A T E W E N B J P R V G
S W U P M N M W L M R M Y D E S W I F W
Q Y J J X O D H Q L A N D D D V B Q C Q
R B S O S C R R Y I H L T K D V Z L G Q
Q J E Z W P E A V V S P A U Z J F L F K
G L A V O S L A L L I W J X B B J J Y Z
```

```
Q J B J J L R B O O P Q P R C A R T E R
T R U T Y W Z A G Q V B A I T U I K L S
M V R O H C N H K F L E T E X Q E L M B
Y F R R F W A S S A S S I N X N Y W Y C
O A N T P P S B Z O P Q E R B H V M N K
M J A U R S W J O A M S O O C R P F E P
J E N R J F Q B N I E M M Y U A S K D U
D B G E F V G K X P O B P Y F T P Q I G
D K T R L X L Y X X I K I T R T Z F S X
C J P A G P T S R N R M B B N L D C D W
X Y M P H D L Q G T E D Z H U E Q W A M
Q Y E R L W H F J N G N V Q J S D O O Q
E Z R I T M Y S L N N T X B W N F B R A
N N E Q Y T Q I C P A K Q M N A F P R A
E F E N K E X Q F Q H K E B T K E M V U
J E W U H C Y A P S F N T F L E F N S E
K X R V S I A K X D F Y Y I O T V Z I X
U M C D G S X P P K I F E V Q B J F S S
A F W O I S I J R Z L I S U U T F Z R V
L B N L T J S T W A C S I G G Y E P C E
I J B G F W V F R L G P L N V Z V Y H C
B W Z U Y V X C A A F S N L V N W U X S
Q O D R W S P V R U C J S P N K K M M J
R C O E G N E V E R R S H P G W X F I K
U K F T T T Q U S L Y H K J F R J W M O
```

```
C N J D I Y C A R I P S N O C Z I Z V T
P H V W B U T U A I B E C W F I M U Z B
P C P I V O M B P E W Z C H E C K E R S
D B E E L H A O H I Q O Q O Q Q U F U I
U W O X R I V Q N D I G S I T E T Z E D
X M Z Y S D I S J X I M C F V R V Q M K
Y T C Z F B K S D Z P P E R F U V K C U
V W E W U U G U S O J R H H P G N F U P
Z O P H C R Y M W I Q J S O O Y C J S S
A B W R E I Y U I U O O J T V B F B R L
L P N E I A U G V H T N S S P Z Z X N S
B P F C P L S K N X N R H P Y B W L V L
T R O O X S R Q P U W M J R E C D S D N
V Q Y V V Y I S U X A O C E I O D J R I E
Q M R E W T P K F A H U L N J U N W U D
O D L R Y E F S N V I W S G L R R D H K
C G I Y G R O W Z Q T T L O F H M R R C
J N M Q O W N X D H R R O S I J R R M Q
G Z L Y Z P P Y R H B K K W X I X I F
E I M D P I X F C I O T N C Q D I K W V
B D V F H Q D T M Z L D U A H K F F S R
V B Q R N A I R A N J K A T K S K K P T
L U R D H O Q N D P B B M T C L K W Q G
R Q P P N N H O U V Y T P A F W P M N U
```

## PG. 83

```
F K B Z B X L W C C D W B L S H Q G N D
F Z D X A H Z K U T F G S G C O M J Y F
M A K L C I V J U V P A W E Q T F O S D
H B W U S B C H B E T A M L L E C O I C
Y O A O A P Z L H R R E B F O H L S O E
L E H Q F V J L X R M S A D W O S Y R L
U N E Y M P Q C I A Z Q R R B E J U A T
E B E S J K S O T M A J N Q N Y G A E S
Q K V T W I R H T L Z M J T G C K D D S
D P S I J J N M X R O S J G L R S G K M
V Q N K N V Y M C F G X R P K T N I X C
F O R J Z F H N O I T P O D A U E X F
G P T E B T I N P C F N A K I G L B D J
R M Z F G U I L T X C R I A S J A J T M
R J D K D S D G T C T B X Z Z C G T P U
J W E I Z Z C S T R P D U E N D E N W Z
N H X C M F B S W E A T L O D G E O M U
L R W G R L T O U A H T F D F J X I B I
D O N T Q M D D P Q T A I W Q M N T G H
R X K G E U E U O S P F S O P Q U A E S
D B G R M W L A C P Z Y B A N K Z T A Z
S Y H J F Y D E I E Y Y M O Q D I I Y A
J O H G Z K Z X Q D E R E T T A C S L O
W B Y C B T V S C U K D A S F T E I Q D
C D E Z I T A M U A R T L W D O Z V M L
```

## PG. 85

```
H V Q G Z U Z Q H B J W I N Q T T O J G
H Z A X A W V O K T I J S J L Y U U X A A
C E O W O E S V S O C O S J R Z H H F R
B Y L X B B Z D P K X F L Q N X G P W R
R A W E X G U Z R P Q J I O Q D F X M E
F E U K N C G C D A Y I U U G G X K R T
C O B W Q A W B I F C N P H R I F Z J T R
A R C S H X H S E P V S N M Y V C C K A
R O N L P V A X Y O G I S Q H U D A D N
O S F L D J J B M A O D I E R I A H L
L V V V Y S Z K W A O E S P N P K T R O
I P W E F M K D D L F A A N H I I Y L A
N I F J O Q Z S K K L G F T Q E S T S L
E P T E Y N P W T H P E T X H I J U P L
W H C O O S I Y Q B A N I C A R O S B L
A Q F Z H H L D B Q D T Q H K L U T C H
R X A Q F F X N X G G B Z S P W R N E N
N P W B S M V Y B U I D R R P M N E K Q
E D N U I P Z O K D G I O U V P A F X H
R C U J A V B D T Y P P K G F D L L T P
H I T K V B J U W S E P L J A S I P C M
H Z Z T X M Q U F R M X P L V T S X W L
M P O L A I R O T A N R E B U G T J Z C
Z Y E R R N P Y D J X F G Y B E S G I E
G B U I X T T Z G U Q K W J X J Y H I T
```

## PG. 87

```
X H K H F N W N U N T F G T N L F P S Y
D M T G P H Y X H D U W M I D D Q N M H
P Y Y P I M S Y E I I Y E E C N A I F W
Q U K L N H L I C G T S F V X R E B S G
W B W P B J Z J C B C R G A B R B N A L
O V P B D C P W E I P T L U H U M S G C
Q V L F I P G Z K W B F I D I F D V M G
T V C W N R A B W C H R I C T S U T K Q
L N L Z Q S A S O E C Y O J M W E B P B
M I P U E Y I R G I X F R M Q S L C O O
P A Z T P H T A K O U Q N A Q S K M H P
Y G X Y X P I R I E P G G O X X Q I E V
L R T M V R D G D P A N X N H O K Y P K
W A Z Y R A I B N O N L O D E Y N Y E U
M B N A C H S J A X M F F P A A N E D B
P S M I V Z P I P U C N Z O Z I T Q S N
Q L Z A Z A O H P X I D G A H V H Y W V
E I L Q O A S E I A N A N Z N K G K S W
R V F E S O A T N B H E V A F L I Y W X
D E O I F A L G G J T R A X Z D N L S K
I D N M R X I E N F B A Y F B X R S V Q
G Y C P I E S D G S H Q D H K A E A G D
B B D B L C D A I K T U E V B H K X U N
Z O F S V L L C V J R X I E S R O E H V
J E K B L B G Y X M O T I W F D P T T G
```

**198  THE UNOFFICIAL YELLOWSTONE PUZZLE BOOK**

# CAUGHT IN THE CROSS(WORD) FIRE

## PG. 88

|   | B(1) | O(2) | A(3) |   |
|---|---|---|---|---|
| C(4) | R | U | S | H(5) |
| R(6) | I | N | S | E |
| O(7) | S | C | A | R |
|   | K(8) | E | Y | S |

## PG. 89

|   | S(1) | H(2) | O | P(3) |
|---|---|---|---|---|
| B(4) | O | O |   | O |
| I(5) | N | U | S(6) | E |
| E |   | R(7) | O | T |
| R(8) | U | S | S |   |

## PG. 90

|   | C(1) | L(2) | E | O(3) |
|---|---|---|---|---|
| R(4) | O | O |   | R |
| P(5) | R | I | C(6) | E |
| G |   | R(7) | I | O |
| S(8) | L | E | D |   |

## PG. 91

| G(1) | O(2) | S(3) | H(4) |   |
|---|---|---|---|---|
| A(5) | T | T | I | C(6) |
| S(7) | H | I | L | L |
| H(8) | E | L | L | O |
|   | R(9) | E | S | T |

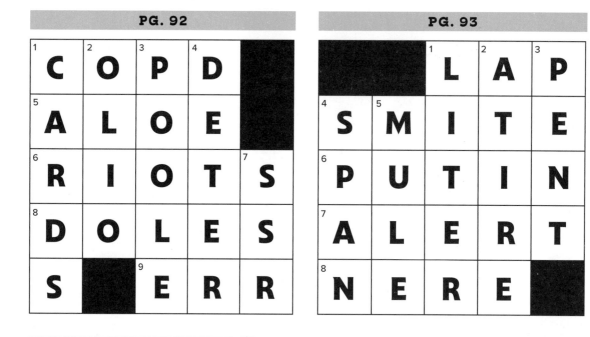

**PG. 92**

| | | | | |
|---|---|---|---|---|
| ¹C | ²O | ³P | ⁴D | ■ |
| ⁵A | L | O | E | ■ |
| ⁶R | I | O | T | ⁷S |
| ⁸D | O | L | E | S |
| S | ■ | ⁹E | R | R |

**PG. 93**

| | | | | |
|---|---|---|---|---|
| ■ | ■ | ¹L | ²A | ³P |
| ⁴S | ⁵M | I | T | E |
| ⁶P | U | T | I | N |
| ⁷A | L | E | R | T |
| ⁸N | E | R | E | ■ |

**PG. 94**

| | | | | |
|---|---|---|---|---|
| ¹C | ²H | ³A | ⁴R | S |
| ⁵H | O | R | A | ■ |
| ⁶A | S | O | D | ⁷A |
| ⁸S | E | T | O | N |
| ⁹M | A | I | N | E |

**PG. 95**

| | | | | |
|---|---|---|---|---|
| ¹S | ²L | ³A | I | ⁴N |
| ⁵T | A | S | ■ | O |
| ⁶A | C | H | ⁷E | S |
| S | ■ | ⁸E | V | E |
| ⁹I | O | N | A | ■ |

## PG. 96

| | | | | |
|---|---|---|---|---|
| R | E | B | A | R |
| O | X | E | N | ■ |
| E | T | T | U | S |
| ■ | R | O | B | O |
| W | A | N | ■ | Y |

## PG. 97

| | | | | |
|---|---|---|---|---|
| S | T | A | T | ■ |
| H | O | V | E | ■ |
| O | V | I | N | E |
| P | A | C | E | R |
| ■ | S | I | T | E |

## PG. 98

| | | | | |
|---|---|---|---|---|
| B | I | N | D | ■ |
| A | R | E | E | L |
| R | E | V | U | E |
| ■ | N | E | C | S |
| S | E | R | E | ■ |

## PG. 100

| | | | | |
|---|---|---|---|---|
| P | L | A | N | T |
| R | O | M | E | O |
| O | R | N | O | T |
| D | R | O | N | E |
| S | E | T | ■ | ■ |

## PG. 101

| | | | | |
|---|---|---|---|---|
| ¹P | ²R | ³I | ⁴C | E |
| ⁵R | O | T | O | ■ |
| ⁶A | V | E | R | ⁷E |
| ⁸M | E | L | D | S |
| S | ■ | ⁹L | S | D |

## PG. 102

| | | | | |
|---|---|---|---|---|
| ¹R | ²O | ³S | ⁴E | ⁵S |
| ⁶A | M | I | S | H |
| ⁷J | E | S | S | A |
| ⁸A | N | O | A | R |
| H | ■ | ⁹L | Y | E |

## PG. 103

| | | | | |
|---|---|---|---|---|
| ¹S | ²L | ³A | ⁴C | ⁵K |
| ⁶T | O | N | A | L |
| ⁷A | D | A | N | E |
| ⁸N | I | T | T | I |
| S | ■ | ⁹E | O | N |

## PG. 104

| | | | | |
|---|---|---|---|---|
| ■ | ¹Q | ²U | ³A | ⁴D |
| ⁵L | U | N | D | I |
| ⁶S | E | D | A | R |
| ⁷A | R | E | N | T |
| ⁸T | Y | R | E | ■ |

## PG. 105

| 1 L | 2 U | 3 N | 4 A | 5 R |
|---|---|---|---|---|
| 6 A | M | O | R | E |
| 7 P | A | R | T | Y |
| 8 I | M | A | Y | ■ |
| 9 S | I | D | ■ | ■ |

## PG. 106

| 1 S | 2 O | 3 P | 4 A | 5 S |
|---|---|---|---|---|
| 6 A | Z | E | R | I |
| 7 B | O | N | E | R |
| 8 E | N | N | U | I |
| 9 R | E | A | P | ■ |

## PG. 107

| 1 C | 2 L | 3 A | 4 S | 5 P |
|---|---|---|---|---|
| 6 L | E | B | O | E |
| 7 A | R | I | D | E |
| 8 M | O | D | A | L |
| 9 P | I | E | S | ■ |

# THE CRYPTIC CORRAL

## PG. 108

| R | H | Y | M | E |
|---|---|---|---|---|
|   | A |   | A |   |
| E | V | E | N | T |
|   | E |   | O |   |
| S | N | A | R | E |

## PG. 110

| G | R | A | S | P |
|---|---|---|---|---|
|   | E |   | T |   |
| T | S | A | R | S |
|   | E |   | U |   |
| I | T | E | M | S |

## PG. 112

| S | P | O | R | T |
|---|---|---|---|---|
| H |   | R |   | R |
| O | H | A | N | A |
| P |   | T |   | I |
| S | T | E | I | N |

## PG. 114

| F | L | E | S | H |
|---|---|---|---|---|
|   | O |   | P |   |
| K | I | L | L | S |
|   | R |   | I |   |
| M | E | A | T | S |

## PG. 116

| | | | | |
|---|---|---|---|---|
| P | A | R | E | S |
| | L | | V | |
| B | O | R | O | N |
| | N | | K | |
| M | E | T | E | R |

## PG. 118

| | | | | |
|---|---|---|---|---|
| S | P | I | N | E |
| | L | | A | |
| H | A | R | D | Y |
| | I | | I | |
| S | N | O | R | E |

## PG. 120

| | | | | |
|---|---|---|---|---|
| P | O | L | A | R |
| A | | O | | A |
| P | A | S | T | Y |
| E | | E | | O |
| R | E | S | I | N |

## PG. 122

| | | | | |
|---|---|---|---|---|
| S | H | A | R | P |
| | A | | A | |
| C | R | A | V | E |
| | P | | E | |
| I | S | A | N | A |

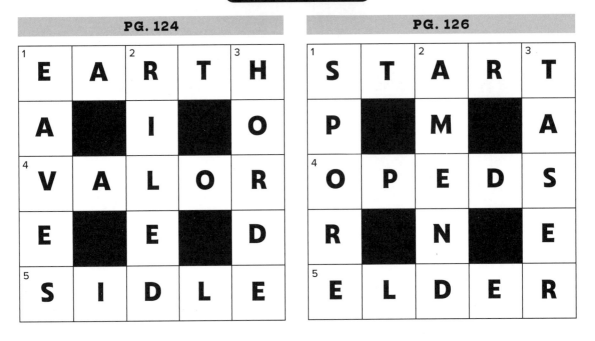

### PG. 124

| | | |
|---|---|---|
| ¹E A R T H | | |
| A | ²I | ³O |
| ⁴V A L O R | | |
| E | E | D |
| ⁵S I D L E | | |

### PG. 126

| | | |
|---|---|---|
| ¹S T A R T | | |
| P | ²M | ³A |
| ⁴O P E D S | | |
| R | N | E |
| ⁵E L D E R | | |

## CHARACTER BIO QUIZZES

**KEVIN COSTNER, PG. 128**
1. **B.** The Montana Livestock Association
2. **D.** Utah
3. **B.** *Dances With Wolves*
4. **A.** Hooked Rocking Y
5. **B.** *Wyatt Earp*
6. **C.** Los Angeles
7. **D.** Robin Hood

**LUKE GRIMES, PG. 130**
1. **D.** The Beck brothers
2. **C.** Ohio
3. **B.** *True Blood*
4. **D.** Navy SEALs
5. **A.** *American Sniper*
6. **D.** New York

**KELLY REILLY, PG. 132**
1. **B.** Jessica
2. **C.** Jamie
3. **D.** McGregor
4. **A.** Dr. Watson (from *Sherlock Holmes*)

5. **C.** Schwartz & Meyer
6. **B.** *True Detective*
7. **C.** Sky Atlantic

**WES BENTLEY, PG. 134**
1. **C.** Harvard
2. **C.** Sarah
3. **B.** *American Beauty*
4. **B.** *The Hunger Games*
5. **A.** Dalton Baker
6. **B.** *Freak Show*

**COLE HAUSER, PG. 136**
1. **A.** *Good Will Hunting*
2. **C.** Pig farm
3. **B.** Bear
4. **C.** Reagan
5. **C.** Lloyd
6. **C.** *School Ties*

**KELSEY ASBILLE, PG. 138**
1. **C.** *The Suite Life of Zack & Cody*
2. **B.** Montana State University
3. **A.** Martin
4. **C.** *Fargo*
5. **B.** Long
6. **A.** *Teen Wolf*

**GIL BIRMINGHAM, PG. 140**
1. **B.** Mo Brings Plenty
2. **D.** *Twilight*
3. **D.** Mexico

**JEFFERSON WHITE, PG. 141**
1. **A.** Barrel racing
2. **C.** Texas
3. **C.** *The Alienist*

**DANNY HUSTON, PG. 142**
1. **C.** *The Quiet Man*
2. **C.** *Paradise Valley*
3. **A.** The Beck brothers

**FORRIE J. SMITH, PG. 143**
1. **C.** *Tombstone*
2. **C.** Son
3. **D.** Helena

**RYAN BINGHAM, PG. 144**
1. **A.** *American Love Song*
2. **C.** Laramie
3. **D.** The Western

**NEAL MCDONOUGH &
TERRY SERPICO, PG. 145**
1. **C.** *Band of Brothers*
2. **D.** *NYPD Blue*
3. **C.** John Dutton

**DAWN OLIVIERI, PG. 146**
1. **B.** *House of Lies*
2. **A.** *1883*
3. **B.** *American Hustle*
4. **D.** *Vampire Diaries*
5. **C.** Playstation 3

**LILLI KAY, PG. 147**
1. **D.** Bryan Cranston
2. **D.** Dr. Martin Luther King Jr.
3. **B.** *Chambers*
4. **A.** *The Sting of Wisdom*

## RHYMIN' RODEO

PG. 148

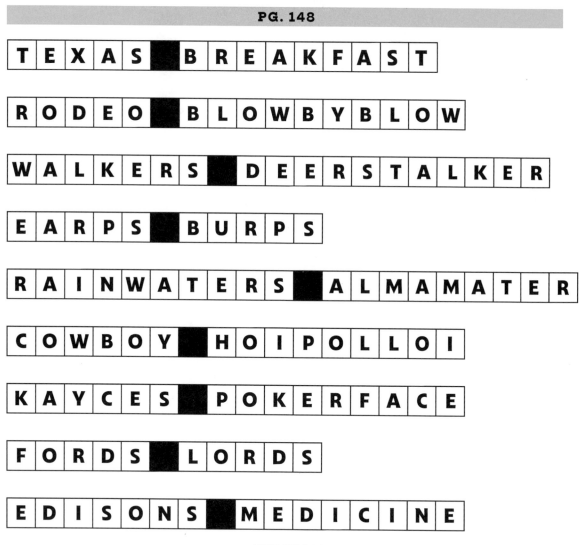

TEXAS BREAKFAST

RODEO BLOWBYBLOW

WALKERS DEERSTALKER

EARPS BURPS

RAINWATERS ALMAMATER

COWBOY HOIPOLLOI

KAYCES POKERFACE

FORDS LORDS

EDISONS MEDICINE

## PG. 150

MONTANA BANANA

NORSE HORSE

MALCOLMS TALCUM

ROARKES SPORK

DUTTON GLUTTON

MONICAS AMERICANA

STETSON TRANSGRESSION

CUSTERS BLUSTER

PERRYS CHERRIES

## PG. 152

COPING ROPING

TATES DUEDATE

RIPS FELLOWSHIP

COCKAMAMIE JAMIE

LLOYDS POLAROIDS

CATTLE BATTLE

CLINTS FLINTS

COSTNERS POSTURE

UTAH OUTLAW

RESERVATION AGITATION

NORMANS FOREMAN

TWAINS STAINS

LARAMIES CAPILLARIES

TRANSFERRED HERD

BILLINGS FILLINGS

AMAZING GRAZING

ANCILLARY PRAIRIE

FOALS STROLLS

## PG. 156

SALOON SPITTOON

YELLOWSTONE BARITONE

COMBING WYOMING

CASINO NEUTRINOS

MUSTANG GANG

CARTEBLANCHE RANCH

TROUT BUYOUT

BUNKBED EGGHEAD

CHAPS MISHAP

## PG. 158

MCGRAWS SEESAW

SCALLION STALLION

STAGECOACH COCKROACH

TUMBLEWEED GREED

OREGONTRAIL CLYDESDALE

DESERT ALERT

FAITHHILLS HAYBILL

ZION DANDELION

YOSEMITE EXTREMITY

## PG. 160

BETHS BABYSBREATH

FARMSTEAD BLOODSHED

CHEYENNE COMEDIENNE

DAKOTA TOYOTA

DEADWOOD BACHELORHOOD

STEER ALLCLEAR

RISKY WHISKEY

ARCHES STARCHES

WASHEDUP PICKUP

## PG. 162

NOISY BOISE

NAVAJO PLATEAU

ARIZONA PERSONA

TAOS COWS

SADDLE STRADDLE

COWBOYHAT AUTOCRAT

LIVESTOCK CROSSWALK

GRANDCANYON COMPANION

REDWOOD ROBINHOOD

## PG. 164

NAVYSEALS DAILYMEALS

HAUSERS BROWSERS

OXEN TOXIN

TEXAS NEXUS

IROQUOIS COWBOY

RANCHERS ANSWERS

CALHOUN PLATOON

VIGILANTE SHANTY

REVOLVER SOLVER

PG. 166

PERRYS SUNDAYSCARIES

GRIMESS RHYMES

GATORS CRATER

POSTPONED YELLOWSTONE

GHOSTTOWN PLAYGROUND

LAWMAN RAMEN

ELPASO LASSO

TRACKING FRACKING

CUYAHOGA CONESTOGA

# VOCABU-LADDERS

PG. 168

| C | L | A | S | P |
|---|---|---|---|---|
| C | L | A | M | P |
| C | R | A | M | P |
| T | R | A | M | P |
| T | R | A | M | S |
| T | R | I | M | S |

PG. 170

| S | P | I | N | S |
|---|---|---|---|---|
| S | P | I | T | S |
| S | L | I | T | S |
| S | L | O | T | S |
| C | L | O | T | S |
| C | L | O | T | H |

| I | R | A | T | E |
|---|---|---|---|---|
| C | R | A | T | E |
| C | R | A | V | E |
| G | R | A | V | E |
| G | R | O | V | E |
| G | L | O | V | E |

| S | T | U | N | S |
|---|---|---|---|---|
| S | T | U | N | T |
| S | T | I | N | T |
| S | T | I | N | K |
| S | L | I | N | K |
| B | L | I | N | K |

| T | A | N | K | S |
|---|---|---|---|---|
| T | A | L | K | S |
| B | A | L | K | S |
| B | A | L | L | S |
| H | A | L | L | S |
| H | U | L | L | S |

| C | L | I | C | K |
|---|---|---|---|---|
| C | R | I | C | K |
| C | R | A | C | K |
| T | R | A | C | K |
| T | R | A | C | E |
| T | R | A | D | E |

## PG. 172

| S | P | O | T | S |
| S | P | A | T | S |
| S | T | A | T | S |
| S | T | A | T | E |
| S | T | A | L | E |
| S | T | A | L | K |

| A | L | O | N | E |
| C | L | O | N | E |
| C | L | O | S | E |
| C | H | O | S | E |
| C | H | A | S | E |
| C | H | A | S | M |

| S | T | I | L | T |
| S | T | I | L | L |
| S | H | I | L | L |
| S | H | E | L | L |
| S | H | E | L | F |
| S | H | E | A | F |

## PG. 174

| P | R | A | W | N |
| B | R | A | W | N |
| B | R | A | I | N |
| T | R | A | I | N |
| T | R | A | I | L |
| G | R | A | I | L |

| D | I | N | E | R |
| F | I | N | E | R |
| F | I | N | E | D |
| T | I | N | E | D |
| T | I | M | E | D |
| T | I | M | E | S |

| S | L | I | M | E |
| S | L | I | C | E |
| S | P | I | C | E |
| S | P | I | N | E |
| S | H | I | N | E |
| S | H | I | N | S |

| | | | | | |
|---|---|---|---|---|---|
| R | O | L | E | S | |
| R | O | P | E | S | |
| C | O | P | E | S | |
| C | A | P | E | S | |
| C | A | S | E | S | |
| C | A | S | T | S | |

| | | | | |
|---|---|---|---|---|
| P | O | R | E | D |
| P | O | R | E | S |
| S | O | R | E | S |
| S | O | R | T | S |
| F | O | R | T | S |
| F | O | N | T | S |

| | | | |
|---|---|---|---|
| D | R | O | W | N |
| D | R | A | W | N |
| D | R | A | I | N |
| T | R | A | I | N |
| B | R | A | I | N |
| B | R | A | I | D |

| | | | |
|---|---|---|---|
| E | L | O | P | E |
| S | L | O | P | E |
| S | L | O | P | S |
| S | T | O | P | S |
| S | T | E | P | S |
| S | T | E | M | S |

| | | | |
|---|---|---|---|
| B | O | N | E | S |
| T | O | N | E | S |
| T | U | N | E | S |
| R | U | N | E | S |
| R | U | L | E | S |
| R | U | L | E | R |

| | | | |
|---|---|---|---|
| D | R | I | P | S |
| G | R | I | P | S |
| G | R | I | P | E |
| T | R | I | P | E |
| T | R | O | P | E |
| T | R | O | V | E |

## PG. 180

| B | A | R | N | S |
|---|---|---|---|---|
| B | A | R | K | S |
| P | A | R | K | S |
| P | A | R | E | S |
| C | A | R | E | S |
| C | A | R | T | S |

| S | H | R | E | W |
|---|---|---|---|---|
| S | T | R | E | W |
| S | T | R | A | W |
| S | T | R | A | P |
| S | C | R | A | P |
| S | C | R | A | M |

| U | P | E | N | D |
|---|---|---|---|---|
| S | P | E | N | D |
| S | P | E | E | D |
| S | T | E | E | D |
| S | T | E | E | P |
| S | L | E | E | P |

## PG. 182

| S | T | A | T | E |
|---|---|---|---|---|
| S | L | A | T | E |
| S | L | A | T | S |
| S | L | O | T | S |
| P | L | O | T | S |
| P | L | O | W | S |

| C | H | I | M | E |
|---|---|---|---|---|
| C | R | I | M | E |
| G | R | I | M | E |
| G | R | I | P | E |
| G | R | O | P | E |
| T | R | O | P | E |

| P | A | R | T | Y |
|---|---|---|---|---|
| P | A | R | T | S |
| P | O | R | T | S |
| F | O | R | T | S |
| F | O | R | D | S |
| F | O | L | D | S |

| G | R | A | D | E |
| T | R | A | D | E |
| T | R | A | C | E |
| T | R | A | C | K |
| T | R | U | C | K |
| T | R | U | C | E |

| T | I | G | E | R |
| T | I | M | E | R |
| T | A | M | E | R |
| G | A | M | E | R |
| G | A | M | E | S |
| G | A | T | E | S |

| T | A | L | K | S |
| B | A | L | K | S |
| B | A | L | E | S |
| B | A | R | E | S |
| B | A | R | E | D |
| B | O | R | E | D |

| C | L | O | S | E |
| C | L | O | N | E |
| C | R | O | N | E |
| P | R | O | N | E |
| P | R | O | N | G |
| W | R | O | N | G |

| F | A | M | E | D |
| T | A | M | E | D |
| T | I | M | E | D |
| T | I | R | E | D |
| S | I | R | E | D |
| S | I | R | E | N |

| S | T | O | V | E |
| S | T | O | R | E |
| S | H | O | R | E |
| C | H | O | R | E |
| C | H | O | R | D |
| C | H | A | R | D |

**Media Lab Books**
**For inquiries, contact customerservice@topixmedia.com**

Copyright © 2024 by Topix Media Lab

Published by Topix Media Lab
14 Wall Street, Suite 3C
New York, NY 10005

Printed in China

ISBN-13: 978-1-956403-68-8
ISBN-10: 1-956403-68-X

**CEO** Tony Romando

**Vice President & Publisher** Phil Sexton
**Senior Vice President of Sales & New Markets** Tom Mifsud
**Vice President of Retail Sales & Logistics** Linda Greenblatt
**Chief Financial Officer** Vandana Patel
**Vice President of Manufacturing & Distribution** Nancy Puskuldjian
**Digital Marketing & Strategy Manager** Elyse Gregov

**Chief Content Officer** Jeff Ashworth
**Senior Acquisitions Editor** Noreen Henson
**Creative Director** Susan Dazzo
**Photo Director** Dave Weiss
**Managing Editor** Tara Sherman

**Content Editor** Tim Baker
**Content Designer** Glen Karpowich
**Features Editor** Trevor Courneen
**Associate Editor** Juliana Sharaf
**Designers** Alyssa Bredin Quirós, Mikio Sakai
**Copy Editor & Fact Checker** Madeline Raynor
**Assistant Photo Editor** Jenna Addesso
**Assistant Managing Editor** Claudia Acevedo

COVER: Shutterstock (2)